ESPAÑOL PARA EL HISPANOHABLANTE EN LOS ESTADOS UNIDOS

Revised Edition

Alfonso González
Mirta A. González

UNIVERSITY
PRESS OF
AMERICA

Lanham • New York • London

Copyright © 1987 by
University Press of America,® Inc.

4720 Boston Way
Lanham, MD 20706

3 Henrietta Street
London WC2E 8LU England

All rights reserved

Printed in the United States of America

British Cataloging in Publication Information Available

Library of Congress Cataloging-in-Publication Data

González, Alfonso, 1938-
 Español para el hispanohablante en los
Estados Unidos.

 Includes index.
 1. Spanish language—Grammar—1950-
I. González, Mirta A. II. Title.
PC4112.G64 1987   468.2   86-33990
ISBN 0-8191-6128-4 (alk. paper)
ISBN 0-8191-6129-2 (pbk. : alk. paper)

All University Press of America books are produced on acid-free
paper which exceeds the minimum standards set by the National
Historical Publication and Records Commission.

Para nuestros hijos

ACKNOWLEDGEMENTS

Bloque de Armas Publications (Vanidades) for permission to reproduce several articles and commentaries.

Contenido for permission to reproduce "Incendio Teledirigido" (April, 1981) and several other articles and commentaries.

Manuel Carvajal for "Telenovelas venezolanas se imponen en los EUA" (Vanidades, January, 1986)

Antonio Lozada for "El genio de las telenovelas: Delia Fiallo" (Vanidades, March, 1986)

Fabiola Morera de Moré for "Pollo al vino" (Vanidades, November, 1985)

Gloria Pérez, for "Tesoros: Nuestra Señora de Atocha" (Vanidades, October, 1984)

Isabel Pérez for "Edad: 81 Años; Afición: La Lucha Libre" (Contenido, July, 1981)

Mauro Rodríguez for "Diario de una víctima de robo de auto" (Contenido, October, 1986)

Mari Rodríguez Ichaso for "Madrid '86", and "El sitio ideal para vacaciones y compras" (Vanidades, January, 1986 and April, 1985)

Indice de Materias

Preface. . . . . xiii-xiv

Capítulo I

1. El alfabeto, Peculiaridades Fónicas. 1-8
2. Diptongos y Triptongos 8-12
3. La Sílaba y su División. 13-16

Capítulo II

1. Acentuación, La Sílaba Tónica. 17-20
2. La Pronunciación y el Acento Gráfico 20-26

Capítulo III

1. El Artículo Definido 27-36
2. El Artículo Indefinido 37-39
3. El Género del sustantivo 39-41
4. El Plural del sustantivo 41-44
5. Repaso 45-47

Capítulo IV

1. El Infinitivo. 49-51
2. El Presente de Indicativo; Verbos Regulares. 51-55
3. El Género de los Adjetivos 55-57
4. El Plural de los Adjetivos 57-59
5. El Presente; Verbos Irregulares. 59-66
6. Expresiones Problemáticas con A. 67-72
7. "Caifás". 73-75

Capítulo V

1. El Pretérito; Verbos Regulares. 77-79
2. El Pretérito; Verbos Irregulares. 79-81
3. El Gerundio 82-84
4. Expresiones Problemáticas con B 84-87
5. "Incendio Teledirigido" 88-89

Capítulo VI

1. El Pretérito; Verbos Irregulares II 91-94
2. El Pronombre de Complemento Directo . . . 95-99
3. El Pronombre de Complemento Indirecto . . 99-104
4. Expresiones Problemáticas con C, S, y Z . 105-109
5. "El español en los Estados Unidos". . . . 111-113
6. Repaso. 114-116

Capítulo VII

1. El Imperfecto 117-121
2. Los Pronombres Reflexivos y Los Verbos de Construcción Reflexiva. . . 122-124
3. El Acento Diacrítico. 125-127
4. "La Comunicación Escrita" 128-134

Capítulo VIII

1. El Futuro 135-138

2. Los Números Cardinales 138-140

3. Los Números Ordinales. 140-142

3. Expresiones Problemáticas con D. 142-144

4. La Y y la E; la O y la U 144-145

5. El Acento en los Interrogativos. 146-148

6. "El Día del Santo" 149-150

Capítulo IX

1. El Condicional 151-153

2. Verbos de Construcción Inversa 154

3. "Hace que" en Expresiones Temporales . . 155-156

4. Expresiones Problemáticas con E. 156-157

5. El Acento en las Palabras de
   Origen Extranjero. 158

6. "¿Existe un Español Universal?". 159-161

7. Repaso 163-167

Capítulo X

1. Los Verbos Compuestos y
   El Participio Pasivo 169-170

2. El Presente Perfecto 170-172

3. El Pluscuamperfecto 172-173

4. Otros Acentos. 173-175

5. Expresiones Problemáticas con F. 175

6. "Los Quince Años". 176-178

Capítulo XI

1. El Futuro Perfecto 179-180
2. El Condicional Perfecto. 180-182
3. Expresiones Problemáticas
   con G y J. 182-184
4. "El sitio ideal para vacaciones...". . . 185-188

Capítulo XII

1. El Imperativo. 189
2. Mandatos con USTED 189-190
3. Mandatos con TU. 190-192
4. Mandatos con NOSOTROS y
   Mandatos Indirectos. 193
5. Posición de los pronombres 193-195
6. Expresiones Problemáticas con la H . . . 195-197
7. "Pollo al Vino". 198-200
8. Repaso 201-204

Capítulo XIII

1. El Modo Subjuntivo 205-206
2. Usos del Presente de Subjuntivo. 206-207

   A. Con Oraciones Sustantivas. 207-209

   B. Con Expresiones Impersonales 209-211
3. Expresiones Problemáticas con L,
   LL, e Y. 211-213
4. "Las Fiestas Navideñas en el
   mundo hispánico" 214-215

Capítulo XIV

1. El Subjuntivo con:
   Oraciones Adjetivas. 217-218
   Oraciones Adverbiales. 219-221

2. Adjetivos y Pronombres Posesivos. 221-224

3. Expresiones Problemáticas con M y N . . . 225-227

4. "Edad: 81 Años; Afición:
   La Lucha Libre". 228-230

Capítulo XV

1. El Imperfecto de Subjuntivo 231-233

2. Adverbios y Adjetivos de Comparación. . . 234-235

3. "Telenovelas venezolanas se
   imponen en los E.U.A". 236-238

4. Repaso. 239-241

Capítulo XVI

1. El Subjuntivo:
   Tiempos Compuestos 243-245

2. Ser y Estar 245-250

3. Ser y Estar con El Gerundio y
   El Participio 250-252

4. Sustitutos de Ser y Estar 252-254

5. Expresiones Problemáticas con R y RR. . . 254

6. "Diario de una víctima de
   robo de auto. 255-259

Capítulo XVII

1. Oraciones Condicionales 261-263

2. La Voz Pasiva 263-265

3. Preposiciones 265-270

4. Las Letras Mayúsculas 270-273

5. "Madrid". 274-276

Capítulo XVIII

1. Los Pronombres y Adjetivos Relativos. . . 277-281

2. Palabras Negativas y Afirmativas. 281-283

3. Puntuación. 284-290

4. "Tesoros:
   Nuestra Señora de Atocha". 291-292

5. Repaso. 295-298

Apéndice

1. Abreviaciones y Siglas. 299-300

2. Vocabulario 301-331

3. Indice General. 333-335

PREFACE

Español para el hispanohablante en los Estados Unidos is a Spanish grammar text designed for Spanish speakers who also know English. Current methodology in the teaching of Spanish to Spanish speakers is based on the belief that native speakers already know Spanish, and that such students primarily need to polish their orthography.

The authors of **Español para el hispanohablante...** believe that by the time Spanish speakers get to high school or college, their dominant language is English, not Spanish. Consequently, many of their needs are also those of the non-native speaker. For example, Spanish-speaking students have, besides the problems of a Spanish-speaker trying to learn Spanish anywhere, the constante interference of English patterns and vocabulary.

Español para el hispanohablante... stresses traditional but advanced grammar as well as accentuation, orthography, and the avoidance of anglicisms in vocabulary and sentence structure. It draws from the students' linguistic background in both languages in order to teach them Spanish. It can be used as either an elementary or intermediate textbook. The objective of this book is to teach native speakers of Spanish how to write and use correctly their own language. Since the emphasis is on developing writing proficiency, universal Spanish is used. Regionalisms are avoided so that the language may be used and understood by all Spanish speakers, regardless of their backgrounds.

The first two chapters of the book deal with basic phonic problems, syllabification, identification of the stressed syllable, and accentuation. Chapters three and four present articles, nouns, adjectives, and their numbers and genders. The remaining fourteen chapters focus on grammar, orthography, and the avoidance of anglicisms. Each of these chapters begins with a grammar section followed by a section on orthography. Each chapter ends with a "Lectura" based on the cultural life and everyday experiences of Spanish-speaking people in the U.S. and abroad. At the end of every three chapters, there is a "Repaso". The two sections of the Appendix, "Abreviaciones Utiles", and "Vocabulario" complement the book and offer students an opportunity to look up words they may not recognize. Throughout the book, and particularly in the first two chapters, the teacher should read aloud and/or have students pronounce the words and phrases of the book. This practice is invaluable in identifying the stressed syllable in a word and in helping students relate the sound of the language with their written form.

The authors wish to thank Professor Domnita Sirbu-Domitrescu for her comments and suggestions. Our sincere appreciation also to Contenido (México) and Bloque de Armas Publications (Vanidades, Miami) for their permission to reproduce many articles and commentaries.

A.G.

M.A.G.

CAPITULO I

EL ALFABETO ESPAÑOL

I. El alfabeto español consta de 29 letras, tres más que el inglés.

Letra	Nombre	Letra	Nombre
A	a	Ñ	eñe
B	be	O	o
C	ce	P	pe
Ch	che	Q	cu
D	de	R	ere
E	e	Rr	erre
F	efe	S	ese
G	ge	T	te
H	hache	U	u
I	i	V	ve, uve, ve chica
J	jota	W	doble u, doble ve, ve doble, uve doble
K	ca		
L	ele	X	equis
Ll	elle	Y	i griega
M	eme	Z	zeta, zeda
N	ene		

II. Observaciones

   1. Las letras del alfabeto español que son

gráficamente diferentes al alfabeto inglés son **CH, LL, Ñ** y **RR**. La erre no aparece al principio de las palabras. Aparece sólo entre vocales.

2. Las letras **K** y **W** se usan poco y aparecen en palabras de origen extranjero.

    kilo   watt

    koala   whisky

    kiosco   winchester

Peculiaridades Fónicas del Alfabeto Español

I. Consonantes

1. La **B** y la **V** representan el mismo sonido (suenan igual) y por lo tanto se confunden.

       tuvo (tener)   tubo (de tubería)

       vienes (venir)   bienes (propiedades)

2. El sonido correspondiente a la **F** se representa siempre con **f**; jamas con **"ph"**.

       fotografía   photography

       fenómeno   phenomenon

3. Las combinaciones con **ge** y **gi** representan el mismo sonido que **je** y **ji**.

       jefe   general

       jícama   gitana

4. La **H** es muda.

       hospital   alcohol

       almohada   ahorro

5. Por lo general la **Ll** tiene el mismo sonido de la **Y**. Existe el peligro de la confusión.

    ya no   llano

    ya ves   llaves

6. El sonido de la **N** es muy distinto al de la **Ñ**. No los confunda.

    Nina   niña

    cana   caña

7. La **Q** aparece siempre seguida de una **U** muda y de una **E** o de una **I**. Lea y compare los siguientes pares de palabras.

    quince   cuidado   queso   cuello

    adquirir descuido requerido recuento

8. La **R** representa el sonido (r) entre dos vocales.

    barato   moreno   entero   adoro

9. La **R** representa el sonido (rr) al principio de una palabra o después de **N, L, S,** y **B**.

    raqueta   honrado   subrayar   rope<u>r</u>o

    Israel   sonrisa   requisito   alrededo<u>r</u>

Observe la distinta pronunciación de la R subrayada en el último par.

10. La **RR** representa el sonido (RR) y aparece sólo entre vocales.

    ferrocarril   encierro

    virrey   costarricense

11. La **RR** y la **R** aparecen entre vocales. Lea y contraste.

    caro   carro   encerar   encerrar

    coro   corro   enterar   enterrar

12. En el continente americano la combinación **SE** o **SI** representa el mismo sonido que **CE** o **CI** y que **ZE** o **ZI**.

    cierra   sierra

    ciento   siento

    ceda   seda

13. En el continente americano la **Z** y la **S** tienen el mismo sonido.

    casa   caza

    sumo   zumo

    caso   cazo

14. La **X** representa varios sonidos.

    a. **ks**   éxito, excelente

       gs   examen, extraordinario

    b. **ks** o **s** sexto (según el cuidado al enunciar)

    c. **s**   Al principio de una palabra.

                    xenofobia, xilófono

    d. **j** y **s**   En las palabras de origen indio.

                    México (j), Oaxaca (j),

                    Xochimilco (s).

Ejercicios

I. Lea en voz alta las siguientes palabras poniendo atención a los sonidos estudiados.

1. Aunque está prohibido, ahorro mi oro.
2. Los gigantescos geranios cayeron con un gran ruido.
3. Le trajeron solamente quince quesos.
4. Encerró el coche después que lo enceró.
5. El examen de español no fue difícil.
6. Juan tuvo que comprar un tubo nuevo.
7. Cierra la puerta porque el perro se va a la sierra.
8. Los alumnos de sexto tuvieron éxito en sus exámenes.
9. La obra de Paquito se exhibe hoy.
10. Los fenómenos recientes no tienen explicación lógica.

II. Lea en voz alta las siguientes palabras poniendo atención a los sonidos estudiados.

1.	zumo	7.	carretera
2.	zapatazo	8.	billetera
3.	hombro	9.	pollo
4.	siento	10.	inquieto
5.	teléfono	11.	mañana
6.	cine	12.	siempre

Peculiaridades Fónicas del Español II

III. Vocales

1. La **A** y la **O** tienen un sonido parecido al del inglés y por lo tanto no son problemáticas.

    aroma   coca   adoro   sopa   amarro

2. La confusión entre la **E** y la **I** es muy común debido a la interferencia del inglés. Lea en voz alta los siguientes pares de palabras.

    de   di   así   hace

    me   mi   miro   mero

    te   ti   pito   peto

3. La **I** y la **Y** representan el mismo sonido cuando están al fin de una palabra o cuando la **Y** se usa como conjunción.

    estoy   caray   rey y reina   ley y orden

    Nota: Algunas palabras aceptan la **I** o la **Y**:

    yerba   hierba

4. La **U** representa el mismo sonido que **"oo"** en inglés. Lea en voz alta las siguientes palabras.

    último   museo   hindú   inútil   apuro

5. La **U** no representa sonido después de la **G** y antes de la **E** o de la **I**. El sonido de la **G** en estos casos es igual al de **GA, GO, GU**.

    guerra   sigue   guinda   guitarra

    gato   guapo   agua   gordura

    Nota: Para que la **U** suene en **"GUE"** o en **"GUI"** se debe poner diérésis (ü).

    agüita   vergüenza   antigüedad

6. La **U** tampoco representa sonido después de la **Q**.

    quinientos   quisiera

    aquella   quince

7. Dos vocales o sonidos vocálicos, cuando aparecen juntos, frecuentemente se invierten al pronunciarlos o al escribirlos. Lea en voz alta los siguientes pares de palabras.

    ciudad   cuidar   doy   dio

    viene   peine   muina miura

    vio   voy   estoy medio

Ejercicios

I. Lea en voz alta las siguientes palabras.

    así   me   dio   veinte   mi

    cual   hace ti   cuarenta

II. Llene usted el espacio en blanco con una **u** o con una **ü**, según convenga.

1. ag__a
2. c__ando
3. ambig__edad
4. adq__isición
5. sinverg__enza
6. g__itarra
7. teq__ila
8. biling__e
9. ig__aldad
10. desc__ento

III. Llene usted el espacio en blanco con **R** o con **Rr**, según convenga.

1. quie__o
2. supe__ior
3. tie__a
4. meteo__o

        5. ca__a   8. pre__equisito

        6. e__or   9. aho__o

        7. e__osión   10. bu__o

IV. Subraye usted las palabras en las que la **U** tenga sonido (se pronuncie).

    1. cuatrocientos   6. Quintana

    2. guinda   7. agüita

    3. agüero   8. pague

    4. quinientos   9. practiques

    5. Guevara   10. sigue

V. Llene el espacio en blanco con la **E**, con la **I**, o con la **Y**, según convenga.

    1. Ella m__ d__jo que venía.

    2. Dice m__ mamá que ho__ no.

    3. Elena d__be haber v__sto a Javier.

    4. T__ lo doy a t__ en la mano.

    5. Esto__ triste porque no m__ escr__ben.

Diptongos

I. Dos vocales o sonidos vocálicos, cuando van juntos y se pronuncian como una sola voz, forman un diptongo.

    di**a**blo   c**ua**nto   estud**io**   est**oy**

Los diptongos se pueden formar por: 1) cualquier combinación de vocal abierta o fuerte (A,E,O) y de vocal cerrada o débil (I,U), y 2) cualquier combinación débil. La **Y** al final de la palabra tiene el mismo sonido que la **I** y puede formar diptongo.

Vocal Abierta y Vocal Cerrada

En la combinación de vocal abierta y vocal cerrada, la abierta se pronuncia con mayor énfasis. Lea usted en voz alta los siguientes diptongos y las palabras que lo ejemplifican.

AI:	(AY)	baile, hay, aire, Jaime, zaino
IA:		media, diablo, franquicia, delicia
AU:		cauce, aplaudir, causa, auto, Laura
EI:	(EY)	peine, rey, pleito, reina, veinte
IE:		hierro, estudie, pie, miel, cierto
EU:		deuda, feudal, europeo, seudónimo
UE:		cuerpo, muerto, fuerte, secuestro
OI:	(OY)	doy, soy, boicot, hoy, voy, boina
IO:		premio, sabio, precio, medio, serio
OU:		Casi no existe en español, excepto en toponímicos de origen catalán: Port Bou
UO:		cuota, individuo, antiguo, arduo
	Nota;	Si en la combinación de vocal abierta y cerrada, la cerrada (I,U) se pronuncia con más énfasis que la abierta (A,E,O), se pondrá acento escrito para indicarlo y se destruirá el diptongo.

Lea en voz alta los siguientes pares de palabras.

Diptongo	**Hiato** (Sin diptongo)
media	medía
sabia	sabía
continua	continúa

Diptongo	Hiato (Sin diptongo)
aula	aúlla

Observe que la vocal cerrada acentuada requiere separación fónica de la otra vocal. Esta separación de vocales equivale a la desaparición del diptongo.

Ejercicios

Lea en voz alta, o escuche la lectura de las siguientes palabras, y decida si el diptongo se deshace o no. Si no hay diptongo, si las vocales se pronuncian como dos sílabas distintas, se deberá acentuar la vocal cerrada.

1. maiz
2. actuo
3. tendria
4. esquio (yo)
5. oido
6. Cain
7. baul
8. tio
9. insinuo (yo)
10. policia

Vocal Cerrada y Vocal Cerrada

En la agrupación de vocal cerrada y vocal cerrada, la última carga casi siempre la fuerza:

UI: (UY)   cuidado, ruido, construido

   Excepción: muy, ¡uy!

IU: ciudad, triunfo, viudo, oriundo

   Nota: La combinación **ui** se considera diptongo y no lleva acento, salvo cuando le corresponda según las reglas expuestas en las páginas 20-25.

Ejercicios

Subraye los diptongos que encuentre en la lectura de las siguientes palabras.

1. pienso   6. tranvía
2. desigual   7. permitía
3. ciudadano   8. maúlla
4. adiós   9. aduana
5. sandía   10. destruido

II. **Más sobre el diptongo**

1. Dos vocales abiertas no forman diptongo. Cada una representa un sonido que pertenece a sílaba diferente.

    a-é-re-o   pro-e-za   ó-se-o   bar-ba-co-a

2. Los sonidos GUE, GUI, QUE, QUI, no se consideran diptongos puesto que la U no representa sonido.

    SIN EMBARGO, los sonidos **güe** y **güi** sí forman diptongo ya que la **U** sí representa sonido.

    güiro   pingüino   vergüenza   paragüería

3. La **H** colocada entre vocales no impide que se forme o se destruya un diptongo.

    prohi-bi-do   bú-ho   des-ahu-cio   al-co-hol

    Nota: En el caso de los prefijos es optativo dividir sus componentes aunque no coincidan con el silabeo. Se acepta:
    de-sahu-cio   de-sam-pa-ro   y   des-am-pa-ro

Triptongos

I. Tres vocales o sonidos vocálicos, cuando van juntos y llevan la vocal abierta en medio, se pronuncian como una sola voz. A esta agrupación se le llama **triptongo**.

IAI: confiáis, bebiáis, viviáis

IEI: confiéis, copiéis, porfiéis

UAI: continuáis, efectuáis, acentuáis

UEI: acentuéis, efectuéis, averigüéis

UAY: Paraguay, Uruguay

UEY: Camagüey, buey

    Nota: La vocal abierta en medio de dos cerradas, se acentúa en los triptongos.

II. Cuando una vocal cerrada aparece entre dos abiertas se acentúa si carga la pronunciación.

    reía   leía   caía   oía   veía

III. En el caso de **UIA**, se acentúa la **I** y se rompe el triptongo, pero no el diptongo **UI**.

    construí-a   destruí-a   huí-a   atribuí-a

IV. En los grupos **IAI, UIAI**, si la fuerza recae sobre la primera **I**, el triptongo se deshace

    subí-ais   viví-ais   construí-ais   dirigí-ais

Ejercicios

I. Subraye los diptongos en las siguientes palabras:

1. secretaria
2. muy
3. instruías
4. hoy
5. grúa
6. destruías
7. construí
8. debiáis
9. oí
10. guantes

La Sílaba y Su División

I. **La sílaba en español y en inglés.**

La formación de sílabas es algo diferente en español y en inglés. Compare los siguientes pares de palabras.

	Español	Inglés
1.	con-cre-to	con-crete
2.	i-ti-ne-ra-rio	i-tin-er-a-ry
3.	o-be-dien-cia	o-be-di-ence
4.	au-xi-liar	aux-ilia-ry
5.	car-dio-gra-ma	car-di-o-gram
6.	a-ma-teur	a-ma-teur
7.	rup-tu-ra	rup-ture
8.	rei-te-rar	re-i-ter-ate
9.	e-le-fan-te	e-le-phant
10.	mi-cros-có-pi-co	mi-cro-scop-ic

Nota: Para poder dividir en sílabas una palabra del español, es necesario pronunciarla en voz alta y recordar las reglas de la división de sílabas.

II. **La sílaba en español**

Una sílaba es una unidad fonética que consiste de una o varias letras agrupadas alrededor de una vocal.

Una sílaba puede estar integrada por una letra (A), dos (IU), tres (PAR), cuatro (CONS) o cinco (TRANS).

trans-con-ti-nen-tal   a-e-ro-puer-to

es-tu-diéis   ca-bí-a

OBSERVE que una sílaba se agrupa alrededor de una, dos o tres vocales. Sin vocal, no hay sílaba.

III. **La división silábica**

Una palabra puede estar formada por una o más sílabas. Su división obedece a las siguientes reglas.

1. La sílaba puede comenzar por vocal o por una o más consonantes. Una consonante entre dos vocales, va con la segunda vocal.

   a-mor   ca-ta-li-na   a-de-más   pre-cio

2. Dos consonantes juntas normalmente se dividen y forman dos sílabas.

   an-dan-do   do-lor-ci-to   lec-ción   lám-pa-ra

   EXCEPCIONES:

   a. Las consonantes "dobles" (Ll, Ch, Rr) jamás se dividen. Representan el mismo y único sonido pues son sólo una letra.

           a-lla-nar

   fe-rro-ca-rril   en-chi-nar

b. Los siguientes pares de consonantes pueden comenzar sílaba y nunca se dividen.

```
b                    b
c                    c
f  + L               f  + R
g                    g
p                    p
t                    t
                     d
```

a-trás   in-gra-to

in-glés   a-cla-ma-ción

3. De tres consonantes juntas, por lo general las dos primeras pertenecen a la primera sílaba y son siempre **ns**.

ins-pi-rar   trans-por-tar   cons-ter-na-ción

EXCEPCION:

Cuando la última consonante es R o L.

im-pri-mir   con-tri-buir

su-plan-tar   ex-cla-ma

4. Cuatro consonantes juntas se dividen a la mitad.

cons-truc-tor   abs-trac-ción   obs-truir

5. División de una palabra en dos renglones.

a. Por regla general se divide según su agrupación silábica.

b. Se debe evitar separar dos vocales aunque éstas sean sílabas diferentes. Las siguientes separaciones son inadmisibles en dos renglones.

tore-o   perí-odo   a-eropuerto   barbaco-a

Nota; Inadmisible también es tener una vo-

15

cal sola al final del renglón.

a-parecer   o-tros   A-capulco

c. Recordemos que en la combinación de vocal abierta y vocal cerrada, el acento sobre la **I** o sobre la **U** rompe el diptongo y se forma una sílaba diferente.

tran-ví-a   en-ví-o   a-ú-lla   ca-bí-a

d. Recordemos también que para una consideración del acento, el diptongo **UI** es irrompible y si se acentúa es por lo general la segunda vocal.

cir-cui-to   cons-truí-a   des-truí

fui   huí   cons-truí

Ejercicios

Divida en sílabas las siguientes palabras:

1. siguiente
2. Atlántida
3. transparencia
4. sinvergüenza
5. reencuentro
6. desconfiáis
7. Espronceda
8. ingratitud
9. exhibición
10. biblioteca
11. inspiración
12. transcontinental
13. acentúa
14. tranquilidad
15. Mediterráneo
16. atribuiáis
17. terapéutico
18. puertorriqueño
19. prohibido
20. nitroglicerina

CAPITULO II

Acentuación: la sílaba tónica

I. En español cada palabra tiene una sílaba con mayor intensidad acústica que las demás. Esta sílaba, que algunas veces lleva acento escrito o gráfico, se llama **tónica**.

   Nota: La identificación de la sílaba tónica es el primer paso para aprender la acentuación.

II. Una palabra de dos sílabas permite únicamente dos posibilidades de pronunciación. Comprué- belo leyendo en voz alta los siguientes pares de palabras.

´__ __	__ ´__	´__ __	__ ´__
ca-yo	ca-yó	ha-lla	a-llá
sa-co	sa-có	pa-pa	pa-pá
mi-ro	mi-ro	ha-blo	ha-bló

Ahora lea en voz alta las siguientes oraciones poniendo atención al cambio de énfasis de la sílaba tónica.

1. Yo miro el programa.
   Yolanda miró el programa.

2. La papa estaba podrida.
   Mi papá vino ayer.

3. El saco de él te queda grande.
   El sacó buenas notas.

4. Es la que se ve allá.
   El niño halla su pelota.

5. El barco choca con el cayo.
   Javier se cayó.

III. Una palabra de tres sílabas tiene tres posibles pronunciaciones. Compruébelo leyendo en voz alta los siguientes pares de palabras.

pú-bli-co   pu-bli-co   pu-bli-có

há-bi-to   ha-bi-to   ha-bi-tó

tér-mi-no   ter-mi-no   ter-mi-nó

Ahora lea en voz alta las siguientes oraciones poniendo atención al cambio de énfasis en la sílaba tónica.

1. Yo pla**ti**co mucho pero Mario plati**có** tres horas.

2. Yo pu**bli**co el periódico para el **pú**blico.

3. El diario Excelsior publi**có** un buen artículo.

4. Tengo el mal **há**bito de comer mucho.

5. Ahora ha**bi**to la casa que ella antes habi**tó**.

Ejercicio

Subraye la sílaba tónica en todas las palabras de dos y tres sílabas.

1. café
2. camión
3. La calle está llena.
4. ejército
5. mármol
6. pared
7. Yo nunca termino a tiempo.
8. Pepa dejó las papas fritas.
9. Esa película es para el público en general.
10. Me gusta el carro azul.

La clasificación de las palabras según la posición de la sílaba tónica.

I. Se llaman **agudas** las palabras cuya última sílaba es tónica.

    ca**fé**   a**rroz**   desayu**nar**   capi**tán**   a**zul**

II. Se llaman **graves** o **llanas** las palabras cuya penúltima sílaba es tónica.

    ca**ni**ca   **co**rre   **Pé**rez   sa**cu**de   **ca**lle

III. Se llaman **esdrújulas** las palabras cuya antepenúltima sílaba es tónica.

    e**jér**cito   es**tú**pido   re**cá**mara   **tí**pico

IV. Se llaman **sobresdrújulas** las palabras cuya cuarta sílaba, de derecha a izquierda, es tónica.

    dígamelo   **prés**temelo   **pí**daselo

Nota: Las palabras cuya quinta sílaba, de derecha a izquierda, es tónica son pocas y carecen de nombre.

    Dígasemele   **prés**tesemele

Ejercicio

Escuche la pronunciación de las siguientes palabras y, 1) subraye la sílaba tónica, y 2) diga si la palabra es aguda, grave o esdrújula.

1. sarampión
2. peculiaridad
3. Ramírez
4. epíteto
5. jardín
6. ángeles
7. lápices
8. árbol
9. cansancio
10. veintidós

11. vestido
12. capacidad
13. esfera
14. floripondio
15. patio
16. calentura
17. amarillo
18. amarré
19. ejército
20. préstemelo

La pronunciación de las palabras y el acento gráfico o tilde.

I. Si la sílaba tónica es la última (palabras agudas), y si la palabra termina en **A, E, I, O, U, N, S,** se acentuará gráficamente esta sílaba. (Observe que el acento siempre cae en una vocal.)

    capi**tán**   ma**má**   veinti**trés**   coli**brí**   Re**né**

EXCEPCION: Si una palabra aguda termina en **Y** (I), no se pondrá acento.

    es**toy**   con**voy**   Monte**rrey**   ma**guey**

Ejecicios

Lea en voz alta las siguientes palabras, subraye la sílaba tónica y ponga acento si es necesario.

1. equipaje
2. Ramon
3. Peru
4. frances
5. tropico
6. californiano
7. cafe
8. Haiti
9. limon
10. sacapuntas

II. Si la sílaba tónica es la penúltima (palabras graves), y si la palabra termina en cualquier letra que no sea **A,E,I,O,U,N,S,** se pondrá tilde.

    Her**nán**dez   **ál**bum   **már**mol   pa**pel**   me**jor**

Ejercicios

Lea en voz alta las siguientes palabras, subraye la sílaba tónica y ponga acento si es necesario.

1. reloj
2. Beatriz
3. lapiz
4. mostrador
5. oscuridad
6. azucar
7. perfil
8. espacial
9. mariscal
10. capataz

III. Si la sílaba tónica está en cualquier otra posición que no sea última o penúltima, se acentuará.

métete   **jó**venes   **má**quina   ex**á**menes

Ejercicios

Lea en voz alta las siguientes palabras y ponga acento si es necesario. Subraye la sílaba tónica y diga si la palabra es aguda, grave, o esdrújula.

1. tipico
2. carcel
3. pereza
4. republica
5. pedestal
6. visibilidad
7. incitador
8. traemelo
9. delantal
10. claridad
11. Perez
12. Baez
13. tocame
14. espiritu
15. ingles

IV. Ya que la posición de la sílaba tónica casi nunca cambia al agregar sílabas, algunas palabras se acentúan en el singular pero no en el plural.

camión   camiones

capitán	capitanes
japonés	japoneses

Otras se acentúan en el plural y no en el singular.

examen	exámenes
joven	jóvenes

Excepciones:

espécimen	especímenes
régimen	regímenes
carácter	caracteres

Ejercicios

¿Puede usted explicar por qué se usa el acento en el singular de unas palabras y no en su plural y viceversa?

    C. En algunas formas verbales el acento indica su pronunciación y su significado correcto.

       bajo (yo)   bajó (él)

       hallo (yo)   halló (él)

    Yo hablé con ella ayer.

    Se lo digo cuando hable con ella.

    ¿Ves este lápiz? (adjetivo)

    Te llamo cuando esté más tranquilo. (verbo)

Ejercicios

1. Lea en voz alta las siguientes palabras y frases. Subraye la sílaba tónica y ponga acento si es necesario.

    1. aviones   4. irlandeses

    2. Ramon   5. Ella trabaja mucho.

    3. Yo practique ayer. 6. holandes

II. Complete las siguientes frases y ponga acento donde sea necesario. Léalas en voz alta.

   1. Yo trabajo ...

   2. Isabel ceno ...

   3. Usted practico ...

   4. Paquito miro ...

   5. La profesora acelero ...

III. Lea en voz alta y ponga acento en la palabra subrayada, si lo necesita.

   1. El <u>ejercito</u> toda la noche.

   2. El <u>numero</u> tres es mi favorito.

   3. Dicen que <u>continua</u> lloviendo en el sur.

   4. Esas obras no tienen mucho <u>publico</u>.

   5. El <u>ejercito</u> del norte <u>llego</u> anoche.

   6. Yo siempre <u>numero</u> las <u>paginas</u> de mis escritos.

   7. El <u>medico</u> <u>opera</u> por la mañana.

   8. En ese pueblo hay una lluvia <u>continua</u>.

   9. Enrique <u>Lopez</u> <u>publico</u> ese libro el año pasado.

   10. La señora <u>Rodriguez</u> es cantante de <u>opera</u>.

Recapitulación del uso del acento escrito

Pasos a seguir.

I. Primero hay que hallar la sílaba tónica. El oído

es lo más importante.

    capi**tan**   re**ca**mara   ca**fe**   **pi**daselo

II.   Si la sílaba tónica es la última, se le pone acento si termina en **A,E,I,O,U,N,S.**

    capitán   café

III. Si la sílaba tónica es la penúltima, se le pone acento si termina en una letra que no sea A, E, I,O,U,N, S.

    Jiménez   mármol   álbum

IV. Si la sílaba tónica se halla en cualquier otra posición que no sea la última o la penúltima, siempre se acentuará.

    recámara   pídaselo   esdrújula

V.   Recuerde que la separación de un diptongo requiere el acento escrito sobre la vocal cerrada.

    sabia   sabía   tenia   tenía

VI. Más adelante se darán otras reglas sobre el uso del acento escrito. (Ver páginas: 125-27; 146-48; 158; 173-75.)

Ejercicios

I.   Subraye la sílaba tónica y ponga acento si es necesario.

   1. Guadalajara   6. oxigeno

   2. Nuevo Mexico   7. folklorico

   3. arbol   8. estupido

   4. gitano   9. atronador

   5. disputa   10. Martinez

11. analisis   16. agudo
12. devaluacion   17. angulo
13. inquietud   18. maiz
14. diuretico   19. colosal
15. inutil   20. inferior

II. Lea en voz alta y ponga el acento donde haga falta.

1. Algunas veces Caridad y Maria son buenas amigas.
2. La policia le dijo a mi tio la verdad.
3. Beatriz siempre hacia la tarea antes de acostarse.
4. La lluvia es importantisima para una buena cosecha.
5. El dolor y el amor siempre van de la mano.
6. El buen funcionamiento de esa maquina depende de usted.
7. Es un hecho que Julio Iglesias es un cantante internacional.
8. Las cartas todavia no han sido escritas.
9. "Jesusita en Chihuahua" es el titulo de esa melodia.
10. El coqui puertorriqueño es una rana que canta como pajaro.
11. Las normas de acentuacion no son tan dificiles como parecen.
12. Un idioma es una cosa viva a la que hay que alimentar dia a dia.
13. Mi espectaculo favorito son las montañas cu-

biertas de nieve.

14. El mejor jugador se rompio una pierna y no pudo jugar.

15. Se sento con muchos brios en el asiento.

CAPITULO III

LOS ARTICULOS Y LOS SUSTANTIVOS

I. El artículo definido.

El artículo definido en español tiene cuatro formas.

el	los
la	las

1. El artículo definido siempre aparece antes de un sustantivo y concuerda con el número y género.

   el árbol   los árboles   el cine   los cines

   la mesa   las mesas   la pared   las paredes

2. El uso del artículo definido en español difiere de su uso en inglés en los siguientes casos.

   a. No se omite antes de sustantivos de carácter genérico, que se refieren a una totalidad.

   Las vacas son mamíferos. (Todas las vacas)

   __Cows are mammals.

   Las camisas oscuras son calientes. (Todas las oscuras)

   __Dark shirts are warm.

   El sueño es necesario. (Toda clase de sueño)

   __Sleep is necessary.

   b. Se omite ante objetos generalizados y no se omite ante objetos específicos.

Objetos generalizados

Nadie trajo lápiz.

Necesito dinero.

Tengo coche.

Objetos específicos

Nadie trajo el lápiz que les pedí.

Necesito el dinero para hoy.
   (Tú sabes qué dinero)

Tengo el coche ahí afuera.
   (Tú sabes qué coche)

c. Se usa para expresar la hora del día.

   El tren pasa a las tres.

   ¿Qué hora es? Son las cinco y cuarto.

d. Se usa para expresar el adjetivo posesivo inglés antes de sustantivos referentes a partes del cuerpo o a artículos de vestir, cuando estos son el complemento directo del verbo.

Tengo LAS manos sucias.
MY hands are dirty.

Dejé EL paraguas en casa.
I left MY umbrella home.

EXCEPCIONES: 1. Se sustituye el artículo por el posesivo cuando éste tiene una función vocativa, cuando se da énfasis al poseedor.

Tus manos son grandes y velludas.

Su abrigo es de piel de camello.

2. Se omite el artículo después del verbo USAR, cuando la prenda de vestir es usada en un sentido genérico, cuando no está modificada.

Juan no usa sombrero.

PERO: Juan nunca usa el sombrero nuevo.

e. Se usa antes de un título o al hablar de una tercera persona.

Me dijeron que EL doctor Fernández viene mañana.

Vieron a LA señora Gaitán con su hijo en el parque.

EXCEPCIONES: 1. No se usa el artículo antes de san(to), santa, doña.

Vi a doña Juana en la tienda.

2. Cuando se habla directamente a alguien.

¿Cómo está, profesor Gutiérrez?

f. Antes de algunos nombres de ciudades, estados, países y continentes el uso del artículo definido es obligatorio u optativo.

Mandatorio	**Optativo**
El Salvador	El Perú
La Habana	La Gran Bretaña
Los Angeles	El Medio Oriente
La Paz	La Argentina

g. Se usa "**EL, LA, LOS, LAS QUE**" para expresar la frase inglesa **HE, SHE, THOSE WHO, THE ONE THAT...**"

Dicen que **LA QUE** me llamó se llama María.

They say that **SHE WHO** called me...

LOS QUE llegan tarde no alcanzan lugar.

THOSE WHO arrive late cannot find a place.

h. Se usa el artículo definido antes de nombres referentes a idiomas excepto después de los verbos **HABLAR, APRENDER, ENTENDER, ESTUDIAR,** cuando el nombre no está modificado, y de las preposiciones **DE** y **EN**.

Dicen que el español es fácil, pero no es cierto.

El ruso se enseña poco en las escuelas secundarias.

EXCEPCIONES: 1. Patricia aprende alemán.

2. El maestro de portugués no vino ayer.

3. Lorena conversa en árabe.

4. Lupe estudia el español del siglo XVI.

i. Después del verbo ser se usa antes de días del mes especificado con número.

Hoy es el treinta y uno de diciembre.

j. Después del verbo ser se usa antes de los nombres de los días de la semana cuando estos se especifican.

El baile es el martes veintitrés.

NOTA: Cuando el día específico se sobreentiende, se omite el artículo.

Hoy es domingo.

Ejercicios

Llene el espacio con el artículo definido apropiado, si hace falta.

1. Joaquín abrió _____ ojos para mirarlo.
2. Fue _____ primera vez que probó _____ vino.
3. Mañana es _____ doce de octubre.
4. Mis zapatos y _____ de Enrique son negros.
5. La puerta del coche le agarró _____ mano.
6. Mamá no quiere que le pongas _____ blusa verde.
7. María llega _____ veintidós de marzo.
8. Antier fue _____ martes.
9. _____ gatos beben leche.
10. Dicen que _____ caridad empieza en casa.
11. _____ que recibí ayer no sirven. (paquetes)
12. Todos los días veo a _____ doctora Quintana.
13. Estudiamos _____ ruso en la escuela.
14. La capital de Cuba es _____ Habana.
15. Pedro se lava _____ cabeza con jabón medicinal.

Más peculiaridades del artículo definido

I. Después de las preposiciones **"A"** y de **"DE"**, EL pierde la E y se funde formando **AL** y **DEL**.

Vimos el auto **DEL** carpintero en la esquina.

Mañana te voy a presentar **AL** campeón.

> **RECUERDE QUE** el y él son distintos.
>
> Vimos el coche de él en la acera y a él en el suelo.

II. El artículo definido se omite en los siguientes casos en español.

>Por Primera, (tercera, última) vez...

>For the first, (third, last) time...

III. El uso del artículo definido difiere del inglés en los siguientes casos.

Español	Inglés
En la escuela	At school
En la iglesia	At church
Todos los viernes	Every Friday
Todas las mañanas	Every morning

IV. El artículo **LO**.

    a. El artículo definido neutro **LO** aparece antes de un adjetivo, de un adverbio, de un participio pasivo, o de **QUE** y **DE**. Observe su equivalencia en inglés.

LO BUENO DE esa clase es que no hay exámenes.

THE GOOD THING (part) **ABOUT** that class is that there are no exams.

El maestro no pudo apreciar **LO BIEN QUE** cantaba José.

The teacher could not appreciate **HOW WELL** José sang.

LO QUE necesito es tiempo.

THAT WHICH I need is time.

¿Ya sabes **LO DE** Pedro?

Do you know **ABOUT (THE MATTER PERTAINING TO)** Pedro?

Ejercicios

I. Llene el espacio con la forma correcta que aparece en paréntesis.

1. La hermana _____ se veía intranquila (de él, del).

2. Las tormentas _____ desierto son peligrosas. (de él, del).

3. Le cortaron el rabo _____ perro de Iván. (a él, al).

4. Las campanas _____ santuario suenan tristes. (de él, del).

5. Me dicen que _____ no le gustan los mangos. (a él, al).

6. ¿Vieron _____ hermano de Isabel en el puerto? (a él, al).

7. ¿Por qué le preguntaste la hora _____ ? (a él, al).

8. La prima _____ es muy bonita. (de él, del).

9. La silla _____ salón se rompió. (de él, del).

10. Se fueron _____ parque sin decir nada. (a él, al).

II. Llene el espacio con el artículo definido necesario.

1. _____ carne y _____ cerveza es _____ bueno de Alemania.

2. Mis libros están en _____ escuela. _____ malo es que está lloviendo.

3. ¿Te acuerdas de _____ que te dije?

4. En esos casos _____ mejor es no ponerse nerviosos.

5. Dicen que _____ hecho en México está bien hecho.

6. _____ peor es que no puedo beber en _____ iglesia.

7. Te aseguro que _____ que necesitas es un buen descanso.

8. _____ del Medio Oriente es un callejón sin salida.

9. Nico no se dio cuenta de _____ cansado que estaba.

10. _____ hombre no comprendía _____ mucho que la quería.

V. Cuando un sustantivo singular empieza con el sonido **A** tónico, el artículo que le precede es **EL**, aun cuando este sustantivo sea femenino. Así se evita el esfuerzo, casi siempre inútil, de separar las dos aes.

      el arma   las armas

      el alma   las almas

      el hada   las hadas

    OBSERVACION: El cambio es necesario para evitar los sonidos **LARMA, LAGUA,** etc.

VI. Hay una serie de palabras de procedencia griega en las que el artículo parece no concordar con el sustantivo. Hay que memorizar estas palabras junto con el artículo correspondiente.

    el clima   el día   la foto

    el dilema   el mapa   la mano

    el fonema   el poeta   la moto

    el problema

    el programa

    el síntoma

    el sistema

VII. El uso del artículo masculino o femenino cambia, en algunos casos, el significado del sustantivo. Hay que memorizar estos sustantivos y su artículo correspondiente, lo mismo que su significado.

1. el calavera (un pillo)
   la calavera (cráneo)

2. el capital (dinero, caudal)
   la capital (ciudad cabeza)

3. el cólera (mal, enfermedad)
   la cólera (rabia, enojo)

4. el corte (de cortar)
   la corte (tribunal)

5. el cura (sacerdote)
   la cura (medicina, receta)

6. el frente (lo de adelante)
   la frente (parte de la cara)

7. el guía (el que guía)
   la guía (guía telefónica o turística)

8. el orden (arreglar, organizar)
   la orden (mandato)

9. el Papa (cabeza del catolicismo)
   la papa (vegetal)

10. el parte (escrito breve; telegrama)
    la parte (porción)

11. el pendiente (preocupación, arete, alhaja)
    la pendiente (cuesta, inclinación)

12. el policía (guardián)
    la policía (cuerpo de guardianes)

13. el radio (el aparato; relación geométrica)
    la radio (la emisora; el aparato)

14. el génesis (primer libro de la Biblia)
    la génesis (conjunto de hechos en la formación de una cosa)

Ejercicios

I. Llene el espacio con el artículo definido correspondiente a cada nombre.

1. _____ problemas
2. _____ área
3. _____ planeta
4. _____ haba
5. _____ sistema
6. _____ climas
7. _____ arte
8. _____ hacha
9. _____ programa
10. _____ agua

II. Ponga el artículo correspondiente a cada nombre.

1. _____ capital de Puerto Rico es San Juan.
2. _____ pendiente era muy inclinada.
3. No me gustó _____ corte de carne.
5. _____ frente del ejército avanzó.

III. Escriba una oración con las siguientes frases.

1, el capital
2. el parte
3. el orden
4. la cura
5. la calavera

El Artículo Indefinido

El artículo indefinido en español tiene cuatro formas.

       un (uno)   unos

       una   unas

I. Igual que el artículo definido, el indefinido siempre viene antes de un nombre y concuerda con él en número y género.

       un avión   unos aviones

       una bicicleta   unas bicicletas

II. El uso del artículo indefinido en español difiere de su equivalente inglés en los siguientes casos.

   1. Se omite después del verbo **SER** y antes de nombres referentes a nacionalidad, religión, profesión o afiliación a algún partido o sociedad.

      Borges es argentino.
      Borges is an Argentinian.

      El papá de Luis es pintor.
      Luis' father is a painter.

      Martha es protestante.
      Martha is a protestant.

      José Luis es demócrata.
      José Luis is a democrat.

   NOTA: El artículo indefinido no se puede omitir cuando el nombre está modificado.

      Borges es un argentino famoso.

      El papá de Luis es un buen pintor.

      Martha es una protestante creyente.

2. Se puede omitir o usar después de verbos como TENER, NECESITAR y TRAER.

    Tengo (un) papel y (un) lápiz.

    Necesito leche y pan. (Genérico)
    Necesito (una) buena leche y (un) pan dulce (Específico)

    Traigo camisa azul.
    Traigo (una) camisa azul.

III. Se omite en algunas expresiones con palabras como CIEN, MIL, OTRO, TAL, CIERTO y QUE.

    Se pedían cien dólares.
    They were asking for A hundred dollars.

    Cuesta más de mil pesos.
    It costs more than A thousand pesos.

    Pedí otro café.
    I asked for ANOTHER coffee.

    Cierta niña vino ayer.
    A certain girl came yesterday

IV. Se omite después de las expresiones:

    Trabaja

    Funciona   como
                                  gerente
    Está   de

    Funge

Ejercicios

Llene el espacio con la forma apropiada del artículo indefinido, si es necesario.

1. Ella no es capaz de tal ____ extravagancia.

2. Elvira es ____ pintora poco conocida.

3. Ese hombre es ____ polaco famoso.

4. Einstein no era ____ americano.

5. Necesito que me presten ____ cierto libro que vi ayer.

6. Sugiero que me regresen ____ otro libro.

7. No tengo ____ piscina, pero tengo ____ sauna.

8. Mi padre es ____ pintor.

9. Un avión acaba de llegar y ____ otro está saliendo.

10. Juan dijo, "Que ____ listo soy".

11. Necesito ____ zapatos pero no ____ medias.

12. Luisa trabaja como ____ maestra en ____ escuela.

13. Te advierto que traigo ____ pistola.

14. ¿Dices que te picó ____ hormiga holandesa?

15. Dejé ____ papeles para ____ banquero sobre la mesa.

16. "Yo soy ____ italiana", dijo la joven.

17. El doctor Jiménez es ____ biólogo de fama internacional.

18. ____ hormiga le dijo a ____ otra, "¿Quieres bailar?"

19. La vi caminando por la calle ____ cierto día.

20. El señor Aguayo es ____ sudamericano.

El Sustantivo

I. Igual que en inglés, un sustantivo es cualquier palabra que nombra un ser, un objeto o un concepto.

    perro   caridad   Juana   cine   camisa

El Género del Sustantivo

I. A diferencia del inglés, el sustantivo en español tiene que ser femenino o masculino. Por lo general, los que determinan el sexo natural terminan en **O** y son masculinos; los terminados en **A** son femeninos.

      muchacho   muchacha   hijo   hija

  EXCEPCIONES: Hay un grupo pequeño de sustantivos que no tiene, estrictamente hablando, femenino o masculino. Aceptan un sólo género gramatical ya sea el masculino o el femenino.

  (el) carro   (el) reloj   (la) silla   (la) mesa

II. El género masculino o femenino natural se expresa a veces con una palabra completamente opuesta.

        el rey   la reina

        el caballo   la yegua

        el toro   la vaca

        el actor   la actriz

III. Los sustantivos terminados en el sonido **S** pueden ser masculinos o femeninos. Se deben memorizar junto con el artículo acompañante.

    el lunes   la tos   el revés   la caries

    el mes   la luz   el maíz   la tisis

    el pez   la tez   el país   la nariz

IV. Los sustantivos terminados en E, D, o N, pueden ser masculinos o femeninos.

    el tren   la imagen   el café   la nube

    el ataúd   la pared   el pésame la claridad

Ejercicios

I. Ponga el artículo definido apropiado antes de cada sustantivo.

1. __ mes   11. __ sociedad
2. __ ciudad   12. __ red
3. __ capitán   13. __ voz
4. __ yegua   14. __ atún
5. __ tapiz   15. __ cáliz
6. __ tesis   16. __ pubertad
7. __ jueves   17. __ pajarito
8. __ trigo   18. __ danzarín
9. __ pan   19. __ abogado
10. __ pez   20. __ director

El Plural del Sustantivo

I. El plural de los sustantivos terminados en vocal no acentuada se forma agregando una **S**.

  toalla   toallas   silla   sillas   gato   gatos

II. Los sustantivos que terminan en vocal abierta (A,E,O) acentuada, forman su plural agregando **S**.

  mamá   mamás   café   cafés   dominó   dominós

III. Los que terminan en vocal cerrada tónica (I,U) lo forman agregando **ES**.

  rubí   rubíes   tabú   tabúes   jabalí   jabalíes

  excepcion;   tribu   tribus   (La U no es tónica)

IV. Los que terminan en consonante agregan **ES** en su plural.

    país   países   mes   meses   tos   toses

    rey   reyes   tamal   tamales   sillón   sillones

NOTA: Los reyes, los primos se pueden referir a reyes y reinas, a primos y primas; igual que sólo a reyes o primos.

EXCEPCION: Algunos nombres cuyo singular termina en S tienen la misma forma en el plural.

    el tocadiscos   los tocadiscos

    el martes   los martes

NOTA: La palabra **vacaciones** siempre se usa en plural a diferencia del inglés que casi siempre se usa en el singular.

Fuimos a Europa de vacaciones.

V. Los nombres terminados en **Z** forman el plural cambiando la **Z** por **C** y agregando **ES**.

    luz   luces   alcatraz   alcatraces

VI. Los apellidos no tienen plural.

    Los García   Los López   Los Villagra

EXCEPCION: Se pluraliza el apellido cuando éste tiene un carácter apelativo o genérico.

Hay varios Orozcos en ese museo. (Se refiere a las pinturas de Orozco.)

La época de los Riveras, Orozcos y Siqueiros.

VII. Carecen de singular los sustantivos que expresan un conjunto o variedad de la misma cosa.

    los víveres   las nupcias   los enseres

    PERO: pueblo(s)   ejército(s)

VIII. Otros nombres que mencionan dos partes iguales pueden usarse en el plural o en el singular.

    pulmón   pulmones   pantalón   pantalones

IX. Algunos nombres abstractos carecen de plural.

    la salud   el bienestar

Ejercicios

I. Lea en voz alta y escriba el plural de las siguientes palabras junto con el artículo definido correspondiente.

1.	___ palmera		11.	___ análisis
2.	___ hindú		12.	___ capitán
3.	___ automóvil		13.	___ manatí
4.	___ sacapuntas		14.	___ examen
5.	___ tintero		15.	___ traducción
6.	___ perdiz		16.	___ sequedad
7.	___ amor		17.	___ maní
8.	___ ángulo		18.	___ característica
9.	___ mediocre		19.	___ ferrocarril
10.	___ nivel		20.	___ tabú

II. Reescriba las siguientes oraciones poniéndolas en el plural, si es posible.

    1. El hombre camina despacio.

2. El tocadiscos de Juan está descompuesto.

3. Le regaló un rubí por su cumpleaños.

4. Compramos un toro cebú el año pasado.

5. El maní tostado es delicioso.

REPASO CAPITULOS I, II y III

I. Divida usted en sílabas las siguientes palabras y diga si son **agudas, llanas o esdrújulas**.

1. intransigente
2. achicharrado
3. librería
4. cuidado
5. dolorcito
6. aeropuerto
7. después
8. pestaña
9. ahínco
10. ruidoso
11. ensordecedor
12. ensuciar
13. pianista
14. improbable
15. peruano
16. veraneante
17. resfriado
18. inspección
19. línea
20. suciedad

II. Subraye la sílaba tónica y acentúe las siguientes palabras, si es necesario.

1. sordida
2. sentia
3. opresion
4. Santa Barbara
5. razon
6. aqui
7. ningun
8. recogiendolas
9. trabajadores
10. Jimenez
11. ahi
12. terquedad
13. subterraneo
14. peon
15. busqueda
16. asi
17. preguntame
18. Escobedo

19.	Jose	28.	arbol
20.	conformate	29.	mediodia
21.	particula	30.	alamos
22.	medico	31.	Andres
23.	necesario	32.	Alcazar
24.	debil	33.	marmol
25.	aspera	34.	delfin
26.	lampara	35.	habia
27.	cinturon	36.	decimo

III. Escriba el artículo definido y el plural de los siguientes sustantivos.

1.	ataúd	11.	Salcedo
2.	mezcal	12.	Perú
3.	café	13.	árbol
4.	papá	14.	lápiz
5.	túnel	15.	Ayala
6.	francés	16.	ají
7.	metal	17.	Secretaría
8.	rapidez	18.	tribu
9.	viernes	19.	jamón
10.	país	20.	vudú

IV. Llene el espacio con la forma correcta del artículo definido, si es necesario.

1. ¿Has visto a ____ señora García?

2. El año pasado vino ____ presidente Raúl Gómez.

3. Dicen que ___ café crea hábito.

4. Es difícil aprender ___ ruso.

5. Se rumora que ___ oro va a subir de precio.

6. ___ bueno de ___ vacaciones es que cambia uno de rutina.

7. Pepe llega ___ martes quince a ___ 8 p.m.

8. El gorrión se lastimó ___ ala.

9. Por ___ última vez; vete a ___ escuela.

10. ¿Está segura que hoy es ___ lunes?

V. Reescriba las siguientes oraciones haciendo todas las correcciones necesarias. (acento, deletreo, etc.)

1. Se acordaba de el bistec.

2. Nos dirigimos hacia escuela.

3. La esposa de el señor Carrera entro corriendo.

4. Los lápices azules son de Mariquita

5. Las religiones hindues son diferentes.

6. ¿Crees que leche es buena para ti?

7. Los toros y las caballas estan ahi afuera.

8. El capital de Cuba es Habana.

9. Esta mañana me lave mis manos.

10. "La nube" es el tesis de mi composicion.

VI. Acentúe las palabras que lo necesiten:

1. Rosa esta tejiendo un sueter azul.

2. Dora estaba coqueteandole a Agustin.

3. Las enchiladas me dieron una terrible gastritis.

4. Los alumnos del Instituto Tecnologico hicieron un audiovisual sobre los problemas economicos del pais.

5. El cablevision esta de moda ultimamente.

6. Ruben es el tipico politico populista y demagogo.

7. Me encanta escuchar musica clasica en mi auto-estereo.

8. Ana se hace manicure y pedicure todas las semanas.

9. Se reunen al mediodia para jugar ajedrez.

10. Sentado en un comodo sofa oia musica tropical.

CAPITULO IV

EL INFINITIVO

El verbo es la parte más importante de la oración ya que expresa la acción efectuada por el sujeto o el estado del mismo.

    Pablo <u>trabaja</u> en la tienda de don Pedro.

    Los estadounidenses <u>escriben</u> en inglés.

    Rosa <u>está</u> triste.

El infinitivo es la forma inicial del verbo y termina siempre en **AR, ER,** o **IR**. La raíz del verbo es la parte antes de la terminación del mismo.

    CAMIN-AR   CED-ER   ESCRIB-IR   APREND-ER

    OBSERVE que la raíz del verbo no tiene nada que ver con la división silábica.

El infinitivo se usa:

1. Después de una preposición para traducir el gerundio inglés.

   Después de comer, voy a ir a verlo.
   After eating I'll go to see him.

   Sin trabajar no puede ganar dinero.
   Without working you cannot earn money.

2. Después de **AL** como sustituto de "cuando + verbo" en pretérito para traducir varias expresiones inglesas.

   Al entrar oí gritos.
   Upon (at the moment of) entering I heard the cries.
   As I (when I) entered I heard the cries.

3. Como sustantivo.

   (El) Trabajar en Los Angeles tiene sus ventajas.

Working in Los Angeles has its advantages.

(El) Nadar todos los días es saludable.
Swimming everyday is healthy.

Dicen que fumar no es bueno para los pulmones.
They say that smoking is not good for your lungs.

OBSERVE que el gerundio **WORKING, SWIMMING, SMOKING,** es igual al infinitivo español **TRABAJAR, NADAR, FUMAR.**

4. Después de verbos de percepción y mandato.

Hago (Mando) limpiar el coche todos los jueves.
I have my car cleaned every Thursday.

Oí llorar a Juan.
I heard John crying.

Vimos llegar el avión.
We saw the plane arriving.

5. Como mandato negativo. (Este mandato aparece frecuentemente en letreros o señales.)

    No fumar   No escupir   No molestar

Ejercicios

I. Llene el espacio con el equivalente a la forma inglesa entre paréntesis.

1. Si el letrero dice no _____ (dumping) basura, ¿por qué lo haces?

2. _____ (Dreaming) es bueno para la salud mental.

3. Te aseguro que es imposible hacer las compras antes de _____ (eating).

4. Nos quedamos paralizados al _____ (upon

entering) Drácula.

5. Después de _____ (working) tanto, viene bien un descanso.

6. En otros países los alumnos se ponen de pie al _____ (at the moment of entering) el profesor.

7. Ten cuidado al _____ (dusting, cleaning) esos vasos. Son muy caros.

8. _____ (reading) es bueno para los nervios.

9. María hace _____ (painting) la casa cada verano.

10. _____ (crying) es excelente terapia para las grandes penas.

II. Escriba una oración utilizando cada una de las siguientes palabras.

1. Descansar   6. dormir
2. tirar   7. escribir
3. cocinar   8. lavar
4. pasear   9. cenar
5. masticar   10. participar

El presente de indicativo

Verbos regulares I

En el español moderno el modo indicativo de los verbos tiene cinco tiempos simples y cuatro compuestos.

Los tiempos simples son el **presente**, el **pretérito**, el **imperfecto**, el **futuro** y el **condicional**.

Los tiempos compuestos son el **presente perfecto**,

el **pluscuamperfecto**, el **futuro perfecto** y el **condicional perfecto**.

Verbos regulares II

Los verbos regulares del presente siguen el mismo patrón (pattern) en los cambios de sus terminaciones en su conjugación.

PRONOMBRE	CANTAR	ROMPER	ESCRIBIR
Yo	cant**o**	romp**o**	escrib**o**
Tú	cant**as**	romp**es**	escrib**es**
El Ella Usted	cant**a** " "	romp**e** " "	escrib**e** " "
Nosotros Nosotras	cant**amos** "	romp**emos** "	escrib**imos** "
Vosotros Vosotras	cant**áis** "	romp**éis** "	escrib**ís** "
Ellos Ellas Ustedes	cant**an** " "	romp**en** " "	escrib**en** " "

OBSERVE que la conjugación El, Ella, Usted es la misma. Igual sucede con la de Ellos, Ellas, Ustedes.

Otros verbos regulares son: caminar, hablar, beber, meter, permitir, partir, etc.

En España la segunda persona del plural es vosotros; en América es ustedes. La forma **vosotros** se presentará, pero no se estudiará en este libro.

Usos del presente

I. El presente se usa para expresar una acción o estado que sucede o está sucediendo en el momento en que se habla.

>Estudio español.
>I study (am studying) Spanish.
>
>Lola está enferma.
>Lola is sick.

II. El presente puede usarse con significación futura.

>Después comemos.
>We'll eat later.
>
>Mañana lavas tu coche.
>Tomorrow you'll wash your car.

Ejercicios

I. Llene el espacio con la forma correcta del pronombre personal. Dé usted todas las posibilidades: él, ella, usted, etcétera.

1. _____ camino
2. _____ secan
3. _____ escribo
4. _____ gritas
5. _____ llora
6. _____ tiramos
7. _____ reciben
8. _____ cuidas
9. _____ sube
10. _____ corremos
11. _____ cocinan
12. _____ planchamos
13. _____ lavas
14. _____ sacan
15. _____ llego
16. _____ sacude
17. _____ tocan
18. _____ llamamos
19. _____ halla
20. _____ barro

II. Llene usted el espacio con la conjugación correcta del presente.

    1. Yo _____ (apagar)

    2. Nosotros _____ (cubrir)

    3. Ellas _____ (adorar)

    4. Tú _____ (frecuentar)

    5. Usted _____ (exigir)

    6. Usted _____ (inhibir)

    7. Ustedes _____ (separar)

    8. Nosotras _____ (partir)

    9. Yo _____ (arar)

    10. Tú _____ (borrar)

III. Llene el espacio con la forma correcta del presente de los verbos regulares entre paréntesis.

    1. Nosotros _____ (bailar) una polka y tú cantas.

    2. Si él _____ (beber) más, yo no _____ (tocar) el piano.

    3. Usted _____ (nadar) bien, pero mi amiga _____ (esquiar) mejor.

    4. Yo _____ (escribir) la carta y ella la _____ (leer).

    5. Si ustedes _____ (meter) la bicicleta, no se mojará.

    6. Usted _____ (ganar) bien, pero _____ (deber) mucho.

    7. Si nosotras _____ (lavar) el coche, nos _____ (ganar) diez dólares.

8. Si ellas _____(bañar) al perro, les _____(dar) pastel su mamá.

9. Juanita _____(recitar) poesía maravillosamente bien.

10. Los pericos _____(aprender) las lenguas extranjeras rápido.

El Género de los Adjetivos

El adjetivo se encuentra siempre próximo al nombre al que modifica y con el cual concuerda en género y en número.

1. Los adjetivos terminados en **O** forman su femenino cambiando la **O** por **A**:

    Un día glorioso.   Una noche gloriosa.

    El perro gordo.   La perra gorda.

2. Algunos terminados en **A** utilizan la misma forma para el masculino que para el femenino:

    El poeta azteca.   La poesía azteca.

    El producto agrícola.   La producción agrícola.

3. Los terminados en **E** usan la misma terminación para ambos géneros:

    Un día alegre.   Una mañana alegre.

    Un hombre agradable.   Una mujer agradable.

4. Los terminados en **L** usan la misma forma para ambos géneros:

    Un guerrero fiel.   Una guerrera fiel.

    Un trabajo original.   Una creación original.

    PERO no los gentilicios: libro español. silla española.

5. Los adjetivos terminados en **án, ín** y **ón**, aceptan la **A** para formar el femenino. Los ter-

55

minados en **ún** o **in** (común, ruin) usan la misma forma para ambos géneros.

    Un hombre bailarín.   Una mujer bailarina.

    Un joven holgazán.   Una joven holgazana.

    Un zorro ladrón.   Una zorra ladrona.

    Un problema común.   Una idea común.

    Un asunto ruin.   Una acción ruin.

Ejercicios

Escriba una oración con cada uno de los siguientes adjetivos:

1. dulce
2. maya
3. santa
4. azul
5. amable

VI.   Los adjetivos terminados en **AR** usan la misma forma para ambos géneros.

    Un espectáculo ejemplar.   Una vida ejemplar.

    Un suceso familiar.   Una reunión familiar.

VII.   Los adjetivos terminados en **OR**, si son comparativos (mejor, peor, interior, exterior, anterior, etc.), no aceptan la **A** para formar el femenino.

    El peor enemigo.   La peor enemiga.

    El presidente anterior.   La presidenta anterior.

    El sastre cortador.   La máquina cortadora.

    Pero: La madre superiora.

VIII. Los adjetivos terminados en **és**, referentes a nacionalidad aceptan la **A** para formar el femenino. Los demás en **ES** y en **IS**, usan la misma forma para ambos géneros:

    El actor holandés.   La actriz holandesa.

    El niño cortés.   La niña cortés.

    El cielo gris.   La tarde gris.

IX. Los terminados en **Z** usan la misma terminación para ambos géneros;

    El rey feliz   La reina feliz.

    El corredor veloz.   La corredora veloz.

Ejercicios

Escriba una oración con cada uno de los siguientes adjetivos:

1. militar

2. trabajadora

3. francesa

4. fugaz

5. exterior

El plural de los adjetivos

El plural de los adjetivos se forma igual que el de los sustantivos. Si el adjetivo termina en vocal átona, se agrega **S**; si termina en consonante, se agrega **ES**. (Recuerde que una Z final se convierte en C.)

    Un guerrero fiel.   Unos guerreros fieles.

    Un coche rojo.   Unos coches rojos.

    Pero: carmesí   carmesíes   colibrí   colibríes

Ejercicios

I. Reescriba las siguientes frases cambiándolas al femenino.

1. Un camino peatonal   (calle)

2. Un niño comelón

3. Un animal ágil

4. Un hombre español

5. Un amigo especial

II. Reescriba las siguientes frases cambiándolas al masculino.

1. La muñeca pelona

2. Una acción imbécil   (asunto)

3. La educación vial   (problema)

4. Una carretera difícil   (camino)

5. Una taza frágil   (vaso)

III. Cambie las siguientes frases al femenino.

1. Un empleado jugador.

2. Un hermano superior.

3. Un sombrero inglés.   (falda)

4. Un suceso atroz.   (situación)

5. Un encuentro espectacular.   (lucha)

IV. Cambie las siguientes frases al masculino.

1. La casa triangular.   (edificio)

2. La pared exterior.   (portón)

3. La mujer veraz.

4. La esposa infeliz.

5. La corredora japonesa.

El Presente de Indicativo

Verbos Irregulares I

Los verbos irregulares sufren cambios en la raíz principalmente según el siguiente patrón.

A. Verbos con cambio vocálico en la raíz.

   1. La **O** cambia a **UE**.

	RECORDAR	MOLER	VOLVER
Yo	recuerdo	muelo	vuelvo
Tú	recuerdas	mueles	vuelves
El Ella Usted	recuerda " "	muele " "	vuelve " "
Nosotros Nosotras	**recordamos** "	**molemos** "	**volvemos** "
Vosotros Vosotras	**recordáis** "	**moléis** "	**volvéis** "
Ellos Ellas Ustedes	recuerdan " "	muelen " "	vuelven " "

OTROS verbos semejantes son: volar, morder, dormir, etc.

OBSERVE que nosotros y vosotros no cambian de raíz.

2. La E cambia a IE.

	MENTIR	PENSAR	SENTIR
Yo	miento	pienso	siento
Tú	mientes	piensas	sientes
El Ella Usted	miente " "	piensa " "	siente " "
Nosotros Nosotras	**mentimos** "	**pensamos** "	**sentimos** "
Vosotros Vosotras	**mentís** "	**pensáis** "	**sentís** "
Ustedes Ellos Ellas	mienten " "	piensan " "	sienten " "

OTROS verbos iguales son tender, herir, inquirir, hervir, preferir, etc.

Cambio de **E** a **IE** y adición de **G**.

TENER: tengo tienes tiene **tenemos** tienen

VENIR: vengo vienes viene **venimos** vienen

OBSERVE que además del cambio de la vocal hay otro cambio en la primera personal del singular, la **G** que se intercala entre la raíz del verbo y la terminación.

3. La E cambia a I.

PEDIR	SEGUIR	SERVIR
pido	sigo	sirvo
pides	sigues	sirves
pide	sigue	sirve
pedimos	**seguimos**	**servimos**

pedís	**seguís**	**servís**
piden	siguen	sirven

OTROS verbos semejantes son medir, perseguir, etc.

Cambio de **E** a **I**, y agregan una **G** en la primera persona del singular.

DECIR: digo   dices   dice   decimos   decís   dicen

IV. Verbos con cambios irregulares en la primera persona del singular.

CABER	SALIR	HACER	CAER	DAR
quepo	**salgo**	**hago**	**caigo**	**doy**
cabes	sales	haces	caes	das
cabe	sale	hace	cae	da
cabemos	salimos	hacemos	caemos	damos
cabéis	**salís**	**hacéis**	**caéis**	**dáis**
caben	salen	hacen	caen	dan

OTROS verbos semejantes son:

PONER: **pongo**   pones   pone   ponemos   ponéis   ponen

SABER: **sé**   sabes   sabe   sabemos   sabéis   saben

V. Verbos con cambio en la primera persona del singular.

A. Los verbos terminados en **CER** o en **CIR** agregan gráficamente una **Z** (excepto decir), pero en cuanto al sonido agregan **/k/**.

CONOCER	TRADUCIR
conozco	traduzco
conoces	traduces
conoce	traduce
conocemos	traducimos
conocéis	traducís
conocen	traducen

OTROS verbos semejantes son: reducir, seducir, etc.

B. Los verbos terminados en **GER** o en **GIR** cambian la **G** por **J** antes de la **O** o de la **A**.

EXIGIR	ESCOGER
exijo	escojo
exiges	escoges
exige	escoge
exigimos	escogemos
exigís	escogéis
exigen	escogen

OTROS verbos similares son dirigir, coger, encoger, etc.

VI. Los verbos terminados en **UIR** cambian la **I** por **Y** de acuerdo al siguiente patrón.

DESTRUIR: destruyo destruyes destruye
destruimos destruís destruyen

VII. Verbos con cambios en todas las personas.

SER: soy   eres   es   somos   sois   son

IR: voy   vas   va   vamos   vais   van

OIR: oigo   oyes   oye   oímos   oís   oyen

OLER: huelo hueles huele olemos oléis huelen

Ejercicios

I. Llene el espacio con la conjugación correcta del presente de los infinitivos que aparecen entre paréntesis.

1. Los García _____ (decir) que tú siempre _____ (venir) solo.

2. ¿Tú _____ (querer) café o té?

3. Si yo no _____ (dormir) 8 horas, no _____ (poder) trabajar.

62

4. Yo les _____(rogar) que me esperen más tiempo.

5. Si Juan _____(jugar), yo no _____(jugar).

6. ¿Tú _____(decir) que yo no _____(recoger) la basura?

7. María _____(mentir) cuando _____(decir) que yo la _____(querer).

8. Si me _____(pedir) más dinero, no te _____ (dar) ni un centavo.

9. Nosotros _____ (seguir) estudiando y tú _____(seguir) jugando.

10. ¿Usted _____(recordar) el corrido de Juan Charrasqueado?

II. Llene el espacio con la conjugación correcta del presente del infinitivo entre paréntesis.

1. Yo _____(saber) que tú me _____(mentir)

2. Tú _____(destruir) fácilmente tu trabajo; nosotros nunca _____(destruir) el nuestro.

3. ¿Tú _____(eschuchar) la radio en español?

4. Usted no _____(encontrar) una salida porque no _____(querer).

5. Yo _____(traducir) sólo cuando _____(tener) que hacerlo.

6. Entre el café y el té, yo _____(escoger) el vino.

7. Si tú _____(seguir) fastidiando, te pego.

8. Ustedes _____(nadar) sólo durante los veranos.

9. Por lo general _____(ser) peligrosas las tor-

mentas en el mar.

10. Cuando yo _____ (oir) la lluvia, _____ (correr) a casa.

III. Escriba una oración utilizando cada una de las siguientes formas verbales.

1. prefieres

2. exijo

3. oyes

4. sé

5. mentimos

IV. Escriba una nota a un(a) amigo(a) que viene a pasar unos días a su apartamento diciéndole que usted regresará más tarde. Explíquele dónde están las cosas y qué puede hacer mientras espera.

VIII. Los verbos terminados en **IAR** se dividen en dos grupos: los que se acentúan en su conjugación y los que no.

    A. Verbos que acentúan la **I** de la terminación según el siguiente patrón.

        FIAR: fío fías fía **fiamos** fían

        ESPIAR: espío espías espía **espiamos** espían

        OBSERVE que la primera personal del plural, nosotros, no se acentúa.

        OTROS verbos semejantes son: ampliar, criar, confiar, desfiar, enfriar, esquiar, piar, variar, fotografiar, etc.

B. Verbos que no acentúan la **I** de la terminación:

ACARICIAR: acaricio acaricias acaricia
acariciamos acarician

ENSUCIAR: ensucio ensucias ensucia
ensuciamos ensucian

OTROS verbos semejantes son: copiar, desperdiciar, aliviar, angustiar, beneficiar, cambiar, etc.

II. Los verbos terminados en **UAR** también se dividen en dos grupos: los que se acentúan y los que no.

A. Verbos que acentúan la **U** de la terminación.

ACTUAR: actúo actúas actúa **actuamos**
actúan

EVALUAR: evalúo evalúas evalúa **evaluamos**
evalúan

OBSERVE usted que la primera persona del singular no se acentúa.

OTROS verbos similares son: atenuar, evaluar, continuar, devaluar, efectuar, graduar, etc.

B. Verbos que **no** acentúan la **U** de la terminación:

AVERIGUAR: averiguo averiguas averigua
averiguamos averiguan

DESAGUAR: desaguo desaguas desagua
desaguamos desaguan

Ejercicios

I. Llene el espacio con la conjugación correcta del presente del verbo en paréntesis.

1. Yo no _____ (desconfiar) de ustedes.

2. Ustedes _____ (desperdiciar) muchos energé-

ticos.

3. Margarita siempre _____ (espiar) a su novio.

4. El año próximo me _____ (graduar) de aquí.

5. ¿Por qué no _____ (averiguar) tú su dirección?

6. El presidente _____ (devaluar) la moneda.

7. La profesora _____ (evaluar) las composiciones.

8. Cada cinco años yo _____ (desaguar) la piscina.

9. Los policías _____ (apaciguar) a los manifestantes.

10. ¿Por qué te _____ (ensuciar) siempre?

II. Escriba una oración con cada una de las siguientes formas verbales y léala en voz alta.

1. evacúan

2. enfrías

3. fío

4. espiamos

5. te gradúas

6. actúo

7. acaricias

8. desconfío

9. copio

10. anuncian

Expresiones Problemáticas con la A

A. Homófonos

Las palabras que suenan igual pero se escriben de manera diferente se llaman **homófonos**. Hay un grupo de palabras y expresiones con A inicial que por su similitud de sonido, causan problemas.

1. a (preposición):
   Quiero ver a Juan.
   ha (de haber):
   ¿Ha visto Pedro a María?
   ¡ah! (de interjección):
   ¡Ah! qué rico refresco.

2. ablando (de ablandar):
   Si ablando la masa es mejor.
   hablando (de hablar):
   ¿De qué estás hablando?

3. asiendo (de asir, agarrar):
   Asiendo la olla así no te quemas.
   haciendo (de hacer):
   ¿Qué está haciendo usted?
   asciendo (de ascender):
   Asciendo la colina en la mañana.

4. abría (de abrir):
   Ella abría siempre los regalos.
   habría (de haber):
   Habría estudiado más, si hubiera podido.

5. hacia (camino de):
       Voy hacia el mercado.
   Asia (continente):
       China está en Asia

6. hacía (de hacer):
       Siempre hacía la tarea.
   asía (de asir)
       El perro asía la canasta.

7. ala (miembro de aves):
       El gallo se rompió el ala.
   Hala (jala, de halar, jalar):
       ¡Hala más fuerte!

8. aremos (de arar):
       Aremos la tierra ahora.
   haremos (de hacer):
       Haremos la tarea ahora.

9. arte (sustantivo):
       El arte maya es famoso.
   harte (de hartar):
       No se harte usted, no sea goloso.

10. as (naipe):
        Tengo un as de corazones.
    has (de haber):
        ¿Qué has hecho hoy?
    haz (de hacer; manojo; conjunto):
        Haz la tarea.
        Dame un haz de trigo.
        Un haz de luz cegó al fugitivo.

11. hasta (preposición):
        Elena viene hasta las seis.
    asta (cuerno, mastil):
        El toro se rompió el asta.
        Hay que pintar el asta de la bandera.

12. hatajo (grupo chico de ganado):
        Sólo tiene un hatajo de cabras.
    atajo (de atajar, detener):
        Atajo la pelota cuando puedo.

13. ahí (adverbio de lugar):
        ¿Estás ahí?

hay (de haber):
: Sólo hay dos cervezas.
ay (interjección):
: ¡Ay! me piqué con esa aguja.

14. haya (de haber, árbol):
    : Espero que haya venido José.
    : La madera de haya se usa en la elaboración de la cerveza.
    aya (cuidadora de niños):
    : El aya es muy estricta.
    halla (de hallar):
    : Nunca halla sus juguetes.
    allá (adverbio de lugar):
    : Nico está allá.

15. a ver (a mirar, a observar):
    : No, sólo venimos a ver.
    haber (tomar lugar, verbo auxiliar):
    : Dicen que va a haber una fiesta.
    : (he, has, ha, hemos, habéis, han)

16. a ser (a existir, a pertenecer):
    : Quiero llegar a ser policía.
    hacer (construir, lograr):
    : Necesito hacer mi trabajo.

17. a Dios (a la divinidad):
    : No se debe ofender a Dios.
    adiós (despedida):
    : Es difícil decir adiós.

Ejercicios

I. Llene el espacio con la palabra adecuada.

1. Ibamos _____ el edificio porque era tarde.
   (hacia, hacía, asía)

2. Doña Lola va _____ un baile el domingo.
   (a ser, a hacer)

3. ¿Quién _____ sido el afortunado?
   (abría, habría)

4. Cuando busca sus llaves, nunca las _____.
   (haya, halla, allá)

5. "_____ lo que pude", dijo el labrador.
    (Aré, Haré)

6. Primero _____ la masa, luego la preparo.
    (ablando, hablando)

7. ¿_____ estado en el Ecuador?
    (Haz, As, Has)

8. Es bueno rezarle _____.
    (adiós, a Dios)

9. Nos fuimos porque _____ mucho frío.
    (hacia, asía, hacía)

10. Todos vienen mañana porque va _____ fiesta.
    (a ver, a haber)

11. No creo que Juanita _____ estado en Alaska.
    (halla, haya, allá)

12. Poco a poco _____ la montaña.
    (asciendo, haciendo, asiendo)

13. ¿Sabes si Rafael ya _____ hecho la tarea?
    (ha, a, ah)

14. El pajarito tenía el _____ rota.
    (hala, ala)

15. Dicen que _____ mucho trabajo en el norte.
    (hay, ay, ahí)

II. Escriba una oración utilizando correctamente cada una de las siguientes palabras.

1. ha
2. hay
3. a ver
4. allá
5. haz
6. hasta
7. a ser
8. halla
9. arte
10. haremos

III. Llene el espacio con la forma correcta de **a ver**, **haber**, o **a haber**.

1. _____ si mañana llegas más temprano.

2. De _____ sabido que era lunes, no hubiera venido.

3. Después de _____ terminado su trabajo se durmió.

4. Creo que voy _____ a mi novia hoy.

5. Debe _____ más dinero en esa cuenta.

IV. Llene el espacio con la forma correcta de **ser**, **a ser**, o **hacer**.

1. No es necesario _____ pasteles siete días a la semana.

2. Joaquín estudia mucho porque quiere llegar _____ médico.

3. Quiero _____ una solicitud de empleo.

4. Víctor siempre quiere _____ primero en todo.

5. No es bueno _____ tan egoísta.

V. Llene el espacio con la forma correcta de **ahí**, **hay** o **ay**.

1. Los libros están _____ donde te dijo.

2. ¿_____ cerveza en el refrigerador?

3. ¿Está _____ Teresa?

4. ¡_____ se me olvidó traer dinero!

5. ¿Cuántos alumnos _____ en esa clase?

VI. Llene el espacio con la forma correcta de **halla**, **haya**, o **allá**.

1. Tu tía está _____ en el rancho.

2. Héctor nunca _____ nada.

3. No creo que _____ pasado el cartero todavía.

4. Ojalá _____ escrito Lupita.

5. No se sabe nunca qué pasa _____.

B. <u>Interferencias del inglés</u>

Algunas palabras se escriben con **ha** en un idioma y con **A** en el otro. Compare la siguiente lista.

1. arneses (arreos)   harness
2. alucinación   hallucination
3. armonía   harmony
4. arpa   harp
5. arpón   harpoon
6. arpía (bruja)   harpy
7. arlequín   harlequin
8. arpista   harpist
9. habilidad   ability

<u>Ejercicios</u>

Escriba una oración con cada una de las siguientes palabras.

1. armonía   4. armonioso
2. habilidad   5. arpía
3. arpa   6. alucinación

LECTURA

Caifás

Mi gato Caifás bebe leche pero no agua. El es grande y gordo. Pesa veinticinco libras. Parece gris pero en realidad es blanco como la nieve. En la noche no nos deja dormir porque corre por la barda y maúlla cuando pelea con otros gatos. De vez en cuando desaparece por varios días. Regresa sucio, lastimado y con mucha hambre.

Caifás no vive en casa. Come en el portal y entra a casa sólo cuando tiene frío en el invierno o cuando quiere ser acariciado. Caifás es muy particular para comer. No come desechos. Su carne tiene que estar caliente y debe ser cortada en pedacitos. La leche debe estar fría pero no helada. Aunque papá dice que se mete al sótano, nadie sabe donde duerme. A pesar de toda la lata que da, yo quiero mucho a Caifás porque es muy lindo, porque acaricia mis piernas con su cuerpo, y porque cuando pasa la noche en casa, brinca a mi cama y se duerme conmigo.

Ejercicios

I. Escriba usted el infinitivo de las siguientes formas verbales.

1.	bebe	6.	corre	11.	vive	16.	debe
2.	es	7.	maúlla	12.	entra	17.	toma
3.	pesa	8.	pelea	13.	tiene	18.	duerme
4.	parece	9.	desaparece	14.	quiere	19.	quiero
5.	deja	10.	regresa	15.	come	20.	brinca

II. Escoja la palabra o expresión de la columna de la izquierda que corresponda a la de la derecha.

1. gordo   a. ninguno

2. dejar   b. hacer caricias

3. barda   c.   congelado
4. maullar   ch. lucir
5. de vez en cuando   d.   padecer
6. lastimado   e.   trozo
7. portal   f.   parte subterránea
8. acariciar   g.   obeso
9. invierno   h.   determinar el peso
10. particular   i.   zaguán
11. desechos   j.   herido
12. pedazo   k.   permitir
13. helado   l.   fastidiar
14. nadie   ll. estación del año
15. sótano   m.   no obstante, sin embargo
16. a pesar de   n.   lo que queda después de comer
17. dar lata   ñ.   de cuando en cuando
18. hambre   o.   necesidad de comer
19. parecer   p.   peculiar, especial
20. pesar   q.   voz del gato
                             r.   padecer
                             rr. entablar
                             s.   muro, cerca

III. Escriba una oración utilizando cada una de las siguientes palabras y expresiones.

1. de vez en cuando

2. desechos

3. sótano

4. dar lata

5. portal

6. a pesar de

7. acaricia

8. parece

9. nadie

10. pedacito

IV. Escriba la respuesta a las siguientes preguntas.

    1. ¿Qué hace Caifás cuando pelea con otros gatos?

    2. ¿Cuándo es que entra a la casa el gato?

    3. ¿Por qué aguanta el narrador a su gato?

    4. ¿Cómo le gusta la carne a Caifás?

    5. ¿Cómo regresa el gato después de desaparecer por unos días?

V. Escriba una breve descripción de uno de los siguientes tópicos. Escriba no menos de 50 palabras y no más de 100.

    1. Mi animal favorito

    2. Mi casa

    3. Mi deporte favorito

CAPITULO V

El pretérito; verbos regulares

Los verbos regulares del pretérito, como los del presente, siguen un patrón unitario en su conjugación.

PRONOMBRE	CANTAR	METER	ESCRIBIR
Yo	canté	metí	escribí
Tú	cantaste	metiste	escribiste
Usted El Ella	cantó	metió	escribió
Nosotros Nosotras	cantamos	metimos	escribimos
Vosotros Vosotras	cantasteis	metisteis	escribisteis
Ustedes Ellos Ellas	cantaron	metieron	escribieron

Nótese que la primera y la tercera personas del singular, **YO** y **EL**, se acentúan.

Obsérvese también que la primera persona plural, **NOSOTROS**, tiene la misma forma en el pretérito que en el presente. Sólo el contexto nos puede explicar si se trata del presente o del pretérito.

Cantamos hoy en la mañana.

Cantamos ayer en la tarde.

ALGUNOS verbos irregulares en el presente son regulares en el pretérito.

RECORDAR: recordé, recordaste, recordó, recordamos, recordasteis, recordaron.

PENSAR: pensé, pensaste, pensó, pensamos, pensasteis, pensaron.

USOS DEL PRETERITO

El pretérito se usa para expresar una acción o estado que sucedió en el pasado.

Corriste cinco millas.   El gato arañó al niño.

You ran five miles.   The cat scratched the child.

Ejercicios

I. Subraye los verbos que aparezcan en el pretérito y diga cuál es su infinitivo.

1. El tren llegó tarde anoche.

2. La vieja tubería acarreó el agua durante treinta años.

3. Nosotros miramos el desfile ayer.

4. Ustedes cortaron más de lo que debían.

5. El maestro indicó cómo resolver el problema.

6. Hallaron a la niña en el parque.

7. Ella me vio cuando llené el vaso de vino.

8. ¿Dices que te quedó cruda la carne?

9. La bella modelo descendió los escalones.

10. Abrí la puerta pero no vi a nadie.

II. Llene el espacio con la conjugación correcta del pretérito del verbo en paréntesis.

1. Los chicos que _____ (participar) ayer, _____ (descansar) hoy.

2. José _____ (prender) la luz al instante.

3. Te sientes mal porque te _____ (beber) media

botella de mezcal.

4. No sé por qué ustedes _____ (permitir) eso.
5. Nosotros _____ (encender) las velas cuando se _____ (apagar) las luces.
6. Yo _____ (vivir) en el Japón por dos años.
7. El perro _____ (morder) a la niña en la pierna.
8. Ayer tú _____ (manejar) hasta Santa Bárbara.
9. Ellas _____ (nadar) ocho millas la semana pasada.
10. Tú _____ (dejar) la puerta abierta.

El pretérito; verbos irregulares

A. Cambios en la vocal de la raíz de la tercera persona del singular y plural, **El, Ellos**.

PEDIR	**DORMIR**
pedí	dormí
pediste	dormiste
pidió	durmió
pedimos	dormimos
pedisteis	dormisteis
pidieron	durmieron

OTROS verbos semejantes son: sentir, morir, advertir, preferir, seguir, servir, etc.

B. Los verbos terminados en **UIR** cambian la **I** por **Y**. en la primera y tercera persona singular y plural sólamente.

DESTRUIR: destruí, destruiste, destruyó, destruimos, destruisteis, destruyeron.

OTROS verbos semejantes son construir, huir, diluir, etc.

EXCEPCION: los verbos terminados en **DUCIR** que se verán más adelante.

C. Los verbos que tienen vocal en la terminación de la raíz, cambian la **I** inacentuada por **Y** en la tercera persona del singular y del plural.

LEER: leí   leíste   leyó   leímos   leísteis   leyeron

OIR: oí   oíste   oyó   oímos   oísteis   oyeron

OTROS verbos parecidos son: creer y caer.

EXCEPCION: traer (ver páginas 92, 93). Por regla general cuando la **I** átona está entre vocales cambia a **Y**. La **I** tónica se mantiene: leía, cabía.

Ejercicios

I. Lea las siguientes oraciones y llene el espacio con la conjugación correcta del pretérito.

1. Pepe y Elba _____ (pedir) más vino.

2. La perra _____ (roer) los huesos.

3. Jaime _____ (conocer) a María en el baile.

4. Yo _____ (encerar) el coche ayer.

5. Tú _____ (entender) muy bien la lección.

6. María Isabel _____ (hallar) a Juanito en la esquina.

7. Tú y Rosa _____ (recordar) la fecha.

8. Nosotras _____ (encender) la nueva televisión.

9. Teresa _____ (seguir) estudiando hasta las doce.

10. Ramón _____ (preferir) dormir tarde.

II. Lea y llene el espacio en blanco con la conjugación correcta del pretérito del verbo en paréntesis.

1. Los anfitriones _____ (servir) la cena a las ocho.

2. Ella no _____ (mentir) al decir que no la quería.

3. Los aztecas _____ (construir) templos admirables.

4. Mi amiga Lourdes _____ (leer) La odisea en la escuela.

5. La modista _____ (medir) la tela para hacer el vestido.

6. Lo que pasa es que tú _____ (caer) en una trampa.

7. Mi tía Amelia _____ (morir) el año pasado de una borrachera.

8. Yo _____ (oir) la tormenta que _____ (caer) anoche.

9. Los españoles _____ (destruir) los templos paganos.

10. El maestro _____ (instruir) a los alumnos.

III. Escriba una relación detallada, real o imaginaria, de todo lo que hizo ayer. Escriba aproximadamente media página.

EL GERUNDIO

A. Formas del gerundio.

1. La forma regular del gerundio agrega las terminaciones **ANDO** y **IENDO** a la raíz del infinitivo.

Infinitivo	Gerundio	Present Participle
acab**ar**	acab**ando**	finishing
vend**er**	vend**iendo**	selling
recib**ir**	recib**iendo**	receiving

2. Las raíces de los infinitivos terminados en vocal cambian la i inacentuada por **y**. (v. gr. le-er, ca-er, destru-ir, etc.)

oir	o**yendo**	traer	tra**yendo**
leer	le**yendo**	ir	**yendo**

3. Los verbos terminados en **ER**, **IR** con cambios vocálicos en la raíz del pretérito (pudo, vino, etc.), tienen el mismo cambio en el gerundio. La **O** a **U** y la **E** a **I**.

poder	pudiendo	decir	diciendo

Ejercicios

Escriba usted el gerundio de los siguientes infinitivos.

1. mentir
2. dormir
3. sacudir
4. adelgazar
5. traducir
6. leer
7. atraer
8. instruir
9. servir
10. merecer

Usos del Gerundio

1. El gerundio se usa después de verbos como estar, ir, seguir, venir, andar, y continuar para formar los tiempos progresivos que expresan una acción anterior o simultánea.

    Pepita anda diciendo mentiras.

    José María estuvo trabajando en el campo ayer.

    Yolanda sigue contando maravillas de México.

2. Se usa independientemente cuando se expresa la idea de "por medio de este método o manera", o "a causa de".

    Comiendo tanto, vas a engordar.

    Estando sentados a la mesa, pudimos hablar mejor.

    OBSERVACION: Por lo general el gerundio en español no se puede usar después de una preposición. Tampoco se puede usar como sustantivo o adjetivo.

    Anduvimos una milla después de comer.
    We walked for a mile after eating.

    (El) Estudiar ayuda a mejorar la nota.
    Studying helps to better your grade.

    Esposo amante
    Loving husband

    La bella durmiente
    Sleeping beauty

    EXCEPCION: En terminando de comer, se marcharon.

Ejercicios

Escriba una oración utilizando cada uno de los siguientes gerundios.

1. nadando
2. sudando
3. muriendo
4. divirtiendo
5. masticando

6. oyendo
7. eligiendo
8. distrayendo
9. poniendo
10. construyendo

Expresiones Problemáticas con B

I. La **B** se confunde con **V** debido a que suenan igual. Compárese los siguientes homófonos.

1. baca (apellido, canastilla para equipaje)
   vaca (hembra del toro)
   El equipaje se ponía en la baca.
   Las vacas no dieron mucha leche este mes.

2. baso (de basar)
   bazo (víscera)
   vaso (para beber)
   Yo no baso mi argumento en falsedades.
   La Sra. Gutiérrez está enferma del bazo.
   Dame un vaso de agua por favor.

3. bienes (caudal, propiedades)
   vienes (de venir)
   Los bienes del abuelo José eran considerables.
   ¿Vienes o te quedas?

4. botar (arrojar, tirar)
   votar (ejercer el voto)
   La pelota bien inflada bota bien.
   La Srita. García siempre vota temprano.

5. baya (fruto, color)
   vaya (de ir)
   valla (cerca, muro)
   La yegua baya tuvo un potro.
   Vaya al mercado y compre lo que necesita.
   La yegua baya brincó la valla.

6. bello (hermoso)
   vello (pelo suave)
   Raúl pintó un bello paisaje.
   El vello del pecho se le puso blanco.

7. combino (de combinar)
   convino (de convenir)
   Primero combino los ingredientes, después los frío.
   Enriqueta convino en venir temprano.

8. hierba, yerba (pasto, césped)
   hierva (de hervir)
   Si dejas crecer la yerba va a ser difícil cortarla.
   Hierva bien el agua antes de beberla.

9. rebelar (sublevar)
   revelar (descubrir)
   El joven se rebeló contra la autoridad de sus padres.
   Esos datos revelan que sí tenía razón Margarita.

10. tubo (para agua)
    tuvo (de tener)
    Se defendió del perro con un tubo que halló tirado.
    El doctor Armendáriz tuvo que operar.

Ejercicios

I. Llene el espacio en blanco con la palabra apropiada.

1. El bebé tiene la cabeza cubierta de _____.
   (bello, vello)

2. Joaquín heredó los _____ del abuelo.
   (bienes, vienes)

3. Siempre se tapa el _____ del agua.
   (tubo, tuvo)

4. Antes de hacer la salsa, yo _____ los ingredientes. (combino, convino)

5. La doctora Rubio me va a operar del _____.
   (vaso, baso, bazo)

6. Mi hijo quiere que yo _____ al médico.
   (valla, vaya, baya)

7. Pablo _____ la basura los miércoles.
   (bota, vota)

III. **Interferencias del inglés**

   A. Algunas palabras se escriben con **B** en un un idioma y con **V** en el otro. Compare los siguientes pares de palabras.

1.	bebida	beverage
2.	automóvil	automobile
3.	gobierno	government
4.	La Habana	Havana
5.	movilidad	mobility
6.	taberna	tavern
7.	arribar	to arrive
8.	móvil	mobile
9.	percibir	to perceive
10.	recibir	to receive

   B. Otras palabras se escriben con **B** en español y con **BB** en inglés.

1.	abad	abbot
2.	abreviar	abbreviate
3.	robo	robbery
4.	Sabat	Sabbath
5.	abadía	abby
6.	abadesa	abbes

Ejercicios

Escriba una oración utilizando correctamente cada una de las siguientes palabras.

1. abrevias

2. automóvil

3. rabino

4. movilidad

5. percibí

6. concebir

7. robo

8. recibiste

9. abadía

10. arribaste

III. **Más interferencias**

La **B** y la **P** en español causan confusión al anglohablante por su similitud fónica. Compare los siguientes pares de palabras.

baso	paso	aborto	aporto
cubo	cupo	bastilla	pastilla
balazo	palazo	basto	pasto
batear	patear	tubo	tupo

Ejercicios

I. Lea en voz alta las siguientes oraciones.

1. No me basto para cortar el pasto.

2. Luis sabe patear pero no puede batear.

3. Esos pantalones tienen una ancha bastilla.

4. Me tomé una pastilla para el dolor de muelas.

5. El ladrón roba ropa.

6. No cupo el cubo.

7. Elba supo que siempre subo.

8. Aporto mis estudios sobre el aborto.

9. Cada seis meses tupo el tubo de la cocina.

10. La perra puso su pata en mi bata.

II. Escriba una oración con cada una de las siguientes palabras.

1. balada

2. baso

3. barra

4. paso

5. parra

LECTURA

Incendio Teledirigido

Hace unos años la policía de Tokio detuvo al soldado Kanekichi Hasimoto por haber incendiado su casa para cobrar el seguro. Lo curioso fue el procedimiento empleado por Hasimoto para provocar el incendio: puso un cubo de gasolina encima de un armario y sobre el cubo un calentador eléctrico. Sobre este calentador, conectado con el interruptor de la luz, colocó una jabonera de celuloide. Desde el interruptor tendió un cable hasta el exterior de la casa, al final del cual ató un pescado. Un gato jaló el pescado y movió el interruptor. El calentador se incendió y provocó el incendio de la jabonera, la cual cayó dentro del cubo de gasolina, que, naturalmente, también se inflamó e incendió la casa. La policía no se tragó el anzuelo y el extraño incendiario acabó en la cárcel.

(Vanidades)

Ejercicios

I. Escriba el infinitivo de las siguientes formas verbales.

1. colocó
2. ató
3. provocó
4. inflamó
5. detuvo
6. puso
7. movió
8. cayó
9. tragó
10. jaló

II. Conteste las siguientes preguntas.

1. ¿Qué es un incendiario?
2. ¿Por qué cree usted que el señor Hasimoto pasó tantos trabajos para lograr su objetivo?
3. ¿Qué cree usted que es una jabonera de celuloide?

III. Escriba un relato de sus últimas vacaciones o de algún suceso memorable. Observe que debe usar principalmente el tiempo pretérito. Escriba aproximadamente cien palabras.

CAPITULO VI

El pretérito: Verbos Irregulares II

I. Verbos con cambios en la primera persona del singular.

   A. Los verbos terminados en **CAR**, **GAR**, y **ZAR** sufren un cambio ortográfico en la terminación de la primera persona del singular.

   MARCAR: marqué, marcaste, marcó, marcamos marcasteis, marcaron.
   ALMORZAR: almorcé, almorzaste, almorzó, almorzamos, almorzasteis, almorzaron.
   LLEGAR: llegué, llegaste, llegó, llegamos, llegasteis, llegaron.

   OTROS verbos terminados en **GUAR** agregan diérisis (ü) en la primera persona del singular.

   AVERIGUAR: averigüé, averiguaste, averiguó, averiguamos, averiguasteis, averiguaron.

   OTROS verbos semejantes son: menguar, deslenguar, apaciguar, desaguar, etc.

Ejercicios

Escriba la primera persona del singular (yo) del pretérito de los siguientes infinitivos.

1. apaciguar   6. adelgazar
2. practicar   7. pronosticar
3. amenazar   8. pagar
4. dialogar   9. trazar
5. aguar   10. empezar

II. Verbos con **U** y otros cambios en el pretérito:

    ESTAR: estuve estuviste estuvo estuvimos estuvisteis estuvieron

    TENER: tuve tuviste tuvo tuvimos tuvisteis tuvieron

    ANDAR:: anduve anduviste anduvo anduvimos anduvisteis anduvieron

    SABER: supe supiste supo supimos supisteis supieron

    PONER: puse pusiste puso pusimos pusisteis pusieron

    CABER: cupe cupiste cupo cupimos cupisteis cupieron

III. Verbos con **I** y con otros cambios en el pretérito:

    QUERER: quise quisiste quiso quisimos quisisteis quisieron

    HACER: hice hiciste hizo hicimos hicisteis hicieron

    VENIR: vine viniste vino vinimos vinisteis vinieron

    DAR: di diste dio dimos disteis dieron

    IR: fui fuiste fue fuimos fuisteis fueron

    SER: fui fuiste fue fuimos fuisteis fueron

IV. Verbos con **J**.

    DECIR: dije dijiste dijo dijimos dijisteis dijeron
    TRAER: traje trajiste trajo trajimos trajisteis trajeron

OTROS verbos similares son todos los terminados en **DUCIR** y los derivados de **DECIR** y **TRAER** (predecir, distraer, atraer, etc.)

REDUCIR: reduje   redujiste   redujo   redujimos
          redujisteis   redujeron

Ejercicios

I. Lea y llene el espacio con la conjugación del pretérito del verbo en paréntesis.

   1. Usted no _____ (reducir) las 5 libras que le _____ (pedir) el médico.

   2. Yo ayer _____ (saber) que tu abuelita se _____ (morir).

   3. Tú no _____ (hacer) la tarea, pero Juan sí la _____ (hacer).

   4. José _____ (decir) que Rosa _____ (oir) el ruido.

   5. El año pasado María y yo _____ (traducir) la Biblia.

   6. El _____ (ser) un gran hombre gracias a sus esfuerzos.

   7. Anoche Petra _____ (leer) porque yo le _____ (rogar).

   8. Ellas y yo _____ (venir) tarde antier.

   9. Las muchachas _____ (creer) ver al tiburón.

   10. Los químicos _____ (inducir) esa reacción.

II. Escriba una oración con cada una de las siguientes formas verbales.

   1. llegué   3. busqué   5. cupimos
   2. huyó   4. alcancé   6. tradujimos

III. Reescriba las siguientes oraciones poniéndolas en el pretérito.

1. Tú duermes más de ocho horas.
2. Pico a José con una aguja y él grita como loco.
3. Traduzco la lección cada vez que puedo.
4. Selecciono y traigo el mandado todos los días.
5. Primero las corto y después huelo el aroma de las rosas.
6. Conozco tus motivos y no me gustan.
7. ¿Usted prefiere tortillas a pan dulce?
8. Dicen que en ese país predomina la injusticia.
9. Yo alzo los juguetes en el ropero y después me rasco la oreja.
10. El no se preocupa porque sabe que yo quepo bien en el asiento.

IV. Escriba una breve composición diciendo lo que hizo el fin de semana pasado.

El Complemento Directo

El complemento directo es la palabra o frase en que recae directamente la acción del verbo.

> Después estudio <u>las antiguas civilizaciones</u>.
>
> Juan trajo <u>los huevos</u> la semana pasada.
>
> Pedro consiguió <u>un empleo</u>.
>
> Estoy revisando <u>los boletos del viaje</u>.
>
> **OBSERVE** usted que el complemento directo explica **qué** o **quién** recibe la acción del verbo. Note también que los verbos traer, llamar y revisar son transitivos. Esto es que permiten que la acción recaiga en algo o alguien, en el complemento directo.

Ejercicios

Subraye el complemento directo en las siguientes oraciones.

1. Te apuesto a que Juan tuvo problemas con su jefe.

2. Los niños hicieron su trabajo sin decir una palabra.

3. Ordenamos chocolate y churros hace una hora.

4. ¿Pusiste el mantel nuevo en la mesa vieja?

5. Los jóvenes leyeron el periódico antes de irse.

6. El hombre se rasca la nariz y levanta la vista.

7. El gigante dio tres patadas y tembló la tierra.

8. Hoy vieron la lección séptima.

9. Sirvieron la cena después de las doce.

10. ¿Corriste cinco millas en veinte minutos?

Pronombres de Complemento Directo

Español	Inglés
ME	ME
TE	YOU
LO	HIM (IT)
LA	HER (IT)
NOS	US
OS (España)	YOU
LOS	YOU, THEM (masculine)
LAS	YOU, THEM (femenine)

Posición y Uso del Pronombre de Complemento Directo

I. El pronombre de complemento directo se puede usar en vez del complemento directo.

   1. Después estudio las antiguas civilizaciones.
      Después **LAS** estudio.

   2. Juan trajo los arbolitos.
      Juan **LOS** trajo.

   3. Voy a llamar a María mañana.
      Voy a llamar**la** mañana.
      LA voy a llamar mañana.

      Note que a veces se repite el complemento directo. Se podría decir también el ejemplo 2: Los arbolitos, Juan **LOS** trajo.

   4. Estoy contando los ingresos del baile.
      LOS estoy contando.
      Estoy contándo**los**.

5. ¿**LO** crees? (algo ya entendido)
   No, no **LO** creo.

6. Haga usted la cuenta.
   Hága**LA** usted.

Como se puede observar en los ejemplos uno y dos el pronombre de complemento directo **DEBE** ir antes del verbo conjugado.

En el caso de un infinitivo o de un gerundio después de verbo conjugado puede ir antes o después de la combinación verbal. Si va después, debe ser parte del infinitivo o gerundio. Ver ejemplos 3, 4. También irá después en los casos de un mandato afirmativo. Ver ejemplo 6. Este uso se verá en las páginas 93-95.

II. Diferencias de posición del pronombre de complemento directo.

1. Después **LAS** estudio.
   I'll study **THEM** later.

2. Juan **LOS** trajo.
   Juan brought **THEM**.

3. **LA** voy a llamar mañana.
   Voy a llamar**LA** mañana.
   I am going to call **HER** tomorrow.

4. **LOS** estoy contando.
   Estoy contándo**LOS**.
   I am counting **THEM**.

5. Hága**LA** usted.
   You do it.

   RECUERDE que en los casos que el pronombre sigue a la forma verbal, ejemplos 3, 4 y 5, el pronombre es parte del verbo.

Ejercicios

I. Reescriba las siguientes oraciones sustituyendo el complemento directo subrayado por el pronombre adecuado. Dé todas las opciones posibles.

1. El autobús trajo a las niñas.
2. Cristina publicó un libro el año pasado.
3. El vecino mandó pintar su casa de azul.
4. María Isabel escribe cartas todas las noches.
5. Pedro siempre pide el menú antes de ordenar.
6. Entró cantando el himno nacional.
7. Quiere leer la novela pero no puede.
8. Javier está tocando el saxofón.
9. Tuvimos que limpiar las ventanas el sábado.
10. La tormenta sigue destruyendo los campos.

III. Llene el espacio con el pronombre correspondiente a la frase entre paréntesis.

1. Los García _____ vieron ayer. (a mí)
2. El policía _____ detuvo. (a ti)
3. ¿_____ quieres? (a nosotros)
4. El maestro _____ muestra. (el mapa)
5. Estoy seguro que ella _____ invitó. (a él)
6. El sol tropical _____ quemó. (a ella)
7. Diego _____ trajo esta tarde. (a ellas)
8. La directora _____ besó en la mejilla. (a ustedes muchachos)

9. El jefe _____ tomó del brazo. (a mí)

10. La compañía _____ llamó por teléfono. (a nosotros)

IV. Conteste las siguientes preguntas usando pronombres de complemento directo.

Ejemplo: ¿Cuándo vienes a visitarnos?
Los voy a visitar el lunes.
o
Voy a visitarlos el lunes.

1. ¿Qué me trajiste?

2. ¿Vio usted a María y a Juana?

3. ¿Cuándo vas a estudiar esa lección?

4. ¿Qué día van a hacer tamales?

5. ¿Quién los llama al ejército?

El Pronombre de Complemento Indirecto

I. El pronombre de complemento indirecto tiene la forma:

Español	Inglés
ME	(to, for) ME
TE	(to, for) YOU
LE	(to, for) HIM, HER, YOU
NOS	(to, for) US
OS (España)	(to, for) YOU plural
LES	(to, for) YOU plural, THEM (masculine & feminine)

En un sentido el complemento indirecto redondea o complementa el complemento directo ya que indica en **quién** o en **que** termina la acción del verbo.

En la oración "Compro naranjas", "naranjas" es el complemento directo de "Compro". Si añado "Compro naranjas a (para) María", "a (para) María" es el complemento indirecto de "Compro".

El pronombre de complemento indirecto aparece siempre con el complemento directo. Se puede usar con verbos transitivos, intransitivos o de estado.

1. Carlos <u>LE</u> dijo <u>LA VERDAD</u> <u>A SU MAMA</u>.
           c. ind.   c. dir.   c. ind.

2. Mario <u>NOS</u> enseñó <u>LAS FOTOS</u> <u>A NOSOTROS</u>.
         c. ind.   c. dir.   c. ind.

3. El sastre <u>LES</u> tomó <u>LAS MEDIDAS</u> <u>A USTEDES</u>.
            c. ind.   c. dir.   c. ind.

4. El abogado <u>LE</u> dio <u>10 MILLONES</u> <u>A LA UNIVERSIDAD</u>.
              c. ind.   c. dir.   c. ind.

> **OBSERVE** que el complemento indirecto, A SU MAMA, A NOSOTROS, etc., aparece por lo general acompañado del pronombre de complemento indirecto, LE, NOS, etc.
>
> **NOTE** también que las frases A SU MAMA, A USTEDES, etc., aclaran o enfatizan el significado de los pronombres LE, LES, etc.
>
> La frase aclaratoria A SU MAMA, etc., se puede omitir, pero el pronombre no se omite nunca.
>
>   Se dice: José le dijo la verdad.
>   El sastre les tomó las medidas.
>
>   No se dice: José dijo la verdad a su mamá.
>   Mario enseñó las fotos a nosotros.
>
> Por lo general, el complemento indirecto es una persona. La excepción es el ejemplo 4, "a la universidad".

II. El pronombre de complemento indirecto viene siempre antes que el pronombre de complemento directo.

En el caso de dos pronombres juntos que comienzan con L (v. gr. LE LA), el primero cambia a SE (SE LA).

>José le dijo la verdad.
>José SE LA dijo.

>Mario nos enseño las fotos.
>Mario NOS LAS enseñó.

>El sastre les tomó las medidas.
>El sastre SE LAS tomó.

>**NOTE** que SE puede referirse a "a él, a ella, a usted, a ustedes, a ellos, a ellas". En estos casos la frase aclaratoria es necesaria.

>José se la dijo (a su mamá)
>El sastre se las tomó (a ustedes)

III. La posición del pronombre de complemento indirecto es entonces igual a la del pronombre de complemento directo en los siguientes casos:

1. Antes del verbo.

2. Antes o después de gerundios o infinitivos.

    >**Excepción:** Hay que regresarles el dinero.

3. Después de mandatos afirmativos.

Ejercicios

I. Indique si las palabras subrayadas son complementos directos o indirectos.

1. Mario le pintó el pelo a Carmen.

2. Si no me das cinco pesos, no te doy tus libros.

3. María Elena le quiere comprar una pelota a su niña.

4. Juanito tiene un lápiz azul.

5. Pedro le regaló unas flores a Enriqueta.

6. La lluvia no mata las flores.

7. Los niños le pusieron la cola al burro.

8. El licenciado Botella pidió una botella de tequila.

9. Agustín le dio un beso a su mamá.

10. El técnico les ayudó a las muchachas.

II. Sustituya el pronombre adecuado al equivalente de la forma entre paréntesis.

    Ejemplo: La caminata me da sed. (A Carmelita)
    La caminata le da sed.

1. Anoche me llamó Fernando. (A ella)

2. Esa situación nos inquieta. (A ti)

3. Esteban le escribe una carta. (A nosotros)

4. Prepárame una taza de café, por favor. (A ella)

5. El jardinero te poda las plantas los lunes. (A mí)

6. Estoy limpiándote la casa. (A ellas)

7. Ricardo le pinta el pelo. (a nosotras)

8. Pedro le dio un beso. (A ti)

9. Por favor tráeme más pan. (A él)

10. Lo que le quiero decir es que no voy. (A ustedes)

III. Conteste las siguientes preguntas según el ejemplo.

Ejemplo: ¿Le pide la dirección?
(Usted al policía)
Sí, se la pido.

1. ¿Te dieron la dirección? (ellas a ti)

2. ¿Le lavaste el coche al gerente? (Tú a él)

3. ¿Te sacude los muebles? (Mariquita a ti)

4. ¿Les escribe a sus familiares? (Usted a ellos)

5. ¿Les apagué la luz? (Yo a ustedes)

IV. Llene el espacio con la forma correcta del pronombre de complemento directo o indirecto, según sea necesario.

1. Yo _____ escribo a mis primas.

2. Tú _____ das flores a María.

3. Ustedes no _____ hacen suficientes preguntas a nosotros.

4. Nosotros _____ vimos en apuros a los muchachos. (Tuvieron dificultades)

5. Imelda _____ trae naranjas a los vecinos.

6. Nosotros _____ acostamos temprano a Rosita. (A la niña)

7. Juan _____ acuesta temprano a los niños.

8. Nosotros _____ encontramos en el parque (a ellos).

9. Nosotros _____ dejamos en el centro a ellas.

10. Olga _____ hace la comida a su mamá.

11. Nosotros _____ arreglamos la silla.

12. Manuel _____ conoce desde hace muchos años a sus amigos.

13. Mis vecinos _____ llaman todos los días a la doctora.

14. Luis _____ lava el coche al señor Zamarripa.

15. La inactividad _____ ha hecho aumentar de peso a Isabel.

16. La anfitriona _____ sirvió la cena a los invitados.

17. Los vecinos _____ escucharon la canción.

18. Los alumnos _____ prometieron estudiar al profesor.

19. La gente _____ pidió su autógrafo al cantante.

20. No conozco a la mayoría silenciosa, a Elsa sí _____ conozco.

Expresiones Problemáticas con C, S y Z

A. **Problemas generales y de homófonos.**

1. La S se confunde con C y con la Z en Hispanoamérica debido a su pronunciación semejante. Las reglas ortográficas que indican cuándo se debe usar una u otra son muchas y la mayoría se basa en el reconocimiento de palabras procedentes de la misma raíz etimológica.

   Debido a esto, es más recomendable memorizar qué palabras se escriben con qué letra. Al encontrar una palabra de dudosa ortografía basta relacionarla con otra de la misma raíz o buscarla en el diccionario.

2. Homófonos con S y C.

   1. Bracero (peón). Se necesitan braceros para cosechar el tomate.
      Brasero (para lumbre). El pescado al brasero es delicioso.

   2. Ceda (de ceder). Siempre ceda el paso a los peatones.
      Seda (tela). Las blusas de seda son caras.

   3. Cegar (perder la vista). La luz cegó al chofer.
      Segar (cortar hierba). Pedro segó la hierba.

   4. Ceso (de cesar). Por lo general no ceso de mi propósito.
      Seso (cerebro, prudencia). Hay que usar más el seso.

   5. Cerrar (clausurar). El restaurán cerró a las doce.
      Serrar (cortar madera). José serró la viga.

   6. Cien (100). Pagué cien dólares por ese cuadro.
      Sien (lado de la frente). Me duele la sien izquierda.

   7. Cocer (cocinar, irreg.). Los vegetales se cuecen al último.
      Coser (remendar; v. reg.). Laura cose vestidos.

8. Enceres (de encerar). Necesito que tú enceres los muebles.
   Enseres (utensilios). Los recién casados necesitan enseres.

9. Meces (de mecer). ¿Por qué no meces al niño?
   Meses (de mes). Estuve en Sudamérica tres meses.

10. Peces (de pez). En el Caribe hay peces de muchos colores.
    Peses (de pesar). Esta báscula es para que te peses.

Ejercicios

I. Llene el espacio con la palabra correcta.

   1. El letrero dice "_____ el paso" (seda, ceda)

   2. Es bueno que te _____ todos los días. (peces, peses)

   3. Diario _____ los frijoles. (cuezo, coso)

   4. El abrigo le costó más de _____ dólares. (cien, sien)

   5. No me agrada _____ con sierra eléctrica. (serrar, cerrar)

   6. Ese líder tiene mucho _____. (seso, ceso)

   7. El jardinero _____ la hierba. (segó, cegó)

   8. ¿Por qué no _____ al niño? (meses, meces)

   9. Quiero que _____ el coche. (enceres, enseres)

   10. No pongas la carne en el _____ hasta que te diga. (brasero, bracero)

3. Más homófonos y parónimos (palabras que suenan casi igual).

   1. Hacienda (propiedad)
      Ascienda (de ascender)

   2. Abrasar (quemar)
      Abrazar (de brazos)

3. Has (de haber)
   As (número uno)
   Haz (de hacer; manojo)

4. Casa (vivienda)
   Caza (cacería)

5. Ves (de ver)
   Vez (ocasión, tiempo)

6. Mesa (mueble)
   Meza (de mecer)

7. Respecto (en cuanto a)
   Respeto (veneración, consideración)

8. Lección (de enseñar)
   Lesión (herida, lastimadura)

9. Racionar (limitar)
   Razonar (de razón)

10. Caso (de casar; suceso)
    Cazo (de cazar; traste)

11. Tasa (impuesto; medida)
    Taza (recipiente para un líquido)

Ejercicios

Escriba una oración con cada una de las siguientes palabras.

1. respeto   4. cazo
2. racionar   5. as
3. abrasar   6. ves

B. Interferencias del inglés.

   I. Algunas palabras agregan una C en inglés.

      1. puntual   punctual
      2. acento   accent

3. adjetivo adjective

OTRAS palabras iguales son: respeto, subjuntivo, sujeto, etc.

II. Varias palabras que se escriben con CA o CO en español cambian a CH en inglés.

1. mecánico mechanic
2. carácter character
3. colesterol cholesterol

OTRAS palabras iguales son: moca, mecanismo, cloro, caos, característica, coreografía, etc.

III. La S doble no existe en español.

1. posible possible
2. profesor professor
3. pasión passion

OTRAS palabras iguales son: imposible, esencia, asociación, misión, posesión, posibilidad, etc.

IV. La S seguida de consonante no puede empezar una sílaba o una palabra en español. Siempre se le antepone una E.

1. esposa (o) spouse
2. estrella star
3. especial special

OTRAS palabras iguales son: esnob, espacio, español, espacio, especular, espiral, etc.

V. Hay una serie de palabras que se escriben con C en español y con Q en inglés.

    1. cuadrangular   quadrangular

    2. calidad   quality

    3. calificación   qualification

OTRAS palabras iguales son: cualidad, cuarentena, cuestión, cuestionario, consecuencia, frecuencia.

VI. Otro grupo de palabras se escribe con QUE o QUI en español y con CHE o CHI en inglés.

    1. química   chemistry

    2. quimera   chimera

    3. orquesta   orchestra

OTRAS palabras semejantes son: quiropráctico, quiromancia, quiropodia, querúbico, etc.

VII. Hay palabras que se escriben con QUE y QUI en español y en inglés.

    1. quieto, quedo   quiet

    2. quinina   quinine

    3. querella   quarrel

OTRAS palabras iguales son: quórum, quechua, quietud, quintal, quintuple, etc.

VIII. La C en español se dobla algunas veces en el inglés.

    1. acompañar   accompany

    2. ocasión   occasion

    3. aceptar   accept

OTRAS palabras iguales son: ocupación, ocurrencia, oculto, acumulador, acordar, aclamar, etc.

IX. Unas cuantas palabras se escriben con C en español y con Z en inglés.

    1. cebra   zebra

    2. cero   zero

    3. cinc (zinc)   zinc

OTRAS palabras iguales son: cebú, Celandia (Nueva), celandés, etc.

Ejercicios

I. Escriba una oración utilizando cada una de las siguientes palabras.

    1. especial

    2. frecuencia

    3. cuestión

    4. química

    5. cantidad

    6. cebra

    7. quimera

    8. ocasión

II. Lea en voz alta las siguientes oraciones y escriba el equivalente español de la palabra en paréntesis.

    1. El accidente _____ (occurred) ayer.

    2. Los _____ (archaeologists) mexicanos descubrieron una nueva cultura.

    3. El _____ (chorus) cantó el Ave María.

    4. Hay que llenar el _____ (questionnaire)

LECTURA

El español en los Estados Unidos

El español fue sin duda la primera lengua europea hablada en nuestro país. Los exploradores españoles de los siglos XVI y XVII incursionaron por tierras pertenecientes hoy día al sur y al suroeste de los Estados Unidos. El explorador Coronado, por ejemplo, llegó al estado de Kansas en 1540. Los españoles dejaron huella de su paso en la construcción de monasterios, iglesias y fortalezas militares. Implantaron también su cultura, religión y lengua.

La Florida pasó a nuestra soberanía gracias a un tratado con España en 1821. Después de una guerra y de un tratado, adquirimos de México: Texas, Nuevo México, Arizona, California y partes de Colorado y Utah. En todos estos territorios se hablaba, a más de los dialectos indios locales, el español. A pesar que el inglés pronto estableció su hegemonía en las nuevas tierras, el español se siguió hablando. Los pioneros españoles, criollos y mestizos, conservaron también su religión y sus costumbres.

Este grupo inicial de hispanohablantes fue incrementado a principios del siglo XX por la inmigración debido a la Revolución Mexicana y a la anexión de Puerto Rico. A partir de 1959, los cubanos han sido el influjo hispánico más grande en los Estados Unidos. Grandes números de refugiados políticos centroamericanos han llegado últimamente a nuestro país. Importante es también la inmigración de hispanohablantes procedentes de muchos otros países. Varios estudios aseguran que los hispanos serán la minoría más numerosa en los Estados Unidos para el año 2000.

Además de una cadena nacional de televisión, UNIVISION, hay innumerables estaciones locales de radio y de televisión. En las grandes ciudades como New York, Miami o Los Angeles hay diarios en español. También se publican importantes revistas en español como "Cosmopolitan", "Vanidades", "Américas", "Geomundo", y "Reader's Digest".

El español ha crecido tanto en nuestro país en los últimos años, que se ha convertido en la segunda lengua. Casi todas las secundarias, públicas o privadas, ofrecen cursos de español. No es sorprendente ya escuchar el español en cualquier parte del país en labios de cualquier grupo social o étnico.

Ejercicios

I. Escoja la palabra o frase de la columna derecha que mejor explique la palabra o frase de la izquierda.

1. a partir de
2. siguió
3. también
4. a principios de
5. inmigración
6. influjo
7. innumerables
8. diario
9. revista
10. casi todas

a. influencia
b. al comenzar
c. con claridad
ch. continuó
d. sin número, incontables
e. periódico
f. desde
g. una mayoría
h. igualmente
i. "magazine", "magasín"
j. llegar a un país para vivir en él

II. Escriba una oración con cada una de las siguientes palabras y expresiones.

1. a partir de

2. diario

3. influjo

4. a principios de

5. casi todas

III. Escriba una composición de aproximadamente 100 palabras sobre cómo y dónde aprendió español y sobre cuánto lo usa en la actualidad.

REPASO CAPITULOS IV, V, VI

I. Escriba usted el pronombre personal adecuado a cada una de las siguientes conjugaciones. Dé todas las posibilidades.

1. _____ caigo   6. _____ tradujo
2. _____ sientes   7. _____ huyen
3. _____ consigue   8. _____ quepo
4. _____ dirijo   9. _____ supo
5. _____ vinimos   10. _____ practiqué

II. Escriba usted el presente de los siguientes pretéritos.

1. quise   6. oliste
2. anduviste   7. mintieron
3. jugaron   8. tuvimos
4. pedí   9. traje
5. comencé   10. cocí

III. Reescriba las siguientes oraciones haciendo todas las correciones necesarias. (ortografía, acentuación, etc.)

1. Miguel esta siendo la tarea.

2. Hay ay dos cervezas para ti.

3. Pepe habria la puerta cuando llego Juan.

4. Nicolás y Victor estubieron halla ayer.

5. Ella y yo venimos ayer haber.

6. Antes de jugando no puedes comer.

7. Ejercitando es bueno para bajar de peso.

8. Sin trabajando no puede a ver harmonía.

9. Estudiando mucho aumenta nuestra abilidad.

10. Yo nunca escogo propuestas hallucinantes.

V. Escriba una oración utilizando cada una de las siguientes palabras.

1. vello   6. cierra
2. yendo   7. bracero
3. botando   8. abrasa
4. hierba   9. colgué
5. tuvo   10. sustituyo

VI. Reescriba las siguientes oraciones sustituyendo el pronombre de complemento directo por el complemento directo.

1. Magdalena me da las buenas noticias.

2. El lechero nos trae los quesos.

3. El maestro da la tarea.

4. Siempre sueño a los malos árbitros.

5. Quiero oir la mejor canción del año.

VII. Conteste las siguientes preguntas siguiendo el ejemplo.

Ejemplo: ¿Quién le limpia la casa?
Rosa me la limpia.

1. ¿Quién les pinta la casa a ustedes?

2. ¿Quién te arregla las uñas?

3. ¿Quién nos hace las empanadas argentinas?

4. ¿Quién me corta el pelo?

5. ¿Quién le presta dinero a Jaime?

VIII. Cambie las siguientes oraciones al pretérito.

1. Las muchachas no quieren bailar y tú no quieres tomar.

2. Me distraigo con el vuelo de una mosca.

3. El cura bendice a sus feligreses y les pide sus oraciones.

4. El anda muy rápido porque tiene prisa.

5. El maestro dice que mastico chicle en clase.

IX. Repaso General

A. Subraye la sílaba tónica y ponga acento cuando sea necesario.

1. momentaneo
2. Alcazar
3. caida
4. Bermudez
5. lagrima
6. graduo
7. hidrogeno
8. carcel
9. El llego
10. creido
11. nitroglicerina
12. venereo
13. heroes
14. delantal
15. aulla
16. esteril
17. onix
18. esparragos
19. Anibal
20. cojin

CAPITULO VII

El Imperfecto

A. Verbos Regulares

Casi todos los verbos del imperfecto son regulares en el imperfecto. Su forma sigue el siguiente patrón:

recordaba	traía	venía
recordabas	traías	venías
recordaba	traía	venía
recordábamos	traíamos	veníamos
recordabais	traíais	veníais
recordaban	traían	venían

OBSERVE que lo único que cambia es la terminación, no la raíz del verbo.

B. Verbos Irregulares

Hay sólo tres verbos irregulares en el imperfecto:

IR: iba   ibas   iba   íbamos   ibais   iban

SER: era   eras   era   éramos   erais   eran

VER: veía   veías   veía   veíamos   veíais   veían

Usos del Imperfecto

I. Si el pretérito expresa lo que sucedió en el pasado, el imperfecto expresa lo que estaba sucediendo en el pasado cuando la otra acción, en pretérito, se produce, o cuando las dos acciones son simultáneas. Si el pretérito narra una acción en el pasado, el imperfecto describe el trasfondo de los eventos.

Sonó el teléfono mientras COMIAMOS. (ESTABAMOS COMIENDO)

The phone rang while we WERE EATING.

II. El imperfecto expresa lo que solía suceder en el pasado.

En la adolescencia ESTABA loca por los muchachos.

When I was a teenager, boys WOULD DRIVE me crazy.

El año pasado IBA al cine todos los días.

Last year I USED TO GO (WOULD GO) to the movies everyday.

Sin embargo: El año pasado FUI al cine todos los días.
Last year I WENT to the movies every day.

El pretérito expresa una acción o varias en un caso pasado determinado.

Ayer fui al cine

Me llamó tres veces anoche.

III. El imperfecto describe la apariencia física o moral de algo o de alguien en un pasado indeterminado.

La casa era pequeña pero cómoda.

Mi reloj de pulsera era negro.

Juan Pablo era muy caritativo.

Pero: Estuvo muy amable. (En esta ocasión)
Todos fuimos jóvenes. (En un tiempo)

IV. Se usa el imperfecto para expresar la hora en un tiempo pasado.

Eran las tres cuando llegó el tren.
¿Qué hora era cuando llegaste anoche?

SIN EMBARGO:

El tren llegó a las tres (Narra un evento)
El tren llegaba a las tres. (Describe lo que pasaba)

De repente fueron las tres. (Sugiere un percatarse de la hora)
Eran las tres. (Pinta o describe la hora del día)

V. Algunos verbos cambian su significado al usarse en el pretérito o en el imperfecto.

1. SABER ¿Sabías que Marta es novia de Julio?
   Did you know that Marta is Julio's girlfriend?

   ¿Supiste que Marta es novia de Julio?
   Did you find out that Marta is Julio's girlfriend?

2. CONOCER Conocíamos a los Martínez.
   We knew the Martinez'.

   Conocimos a los Martínez.
   We met the Martinez'.

3. QUERER Yo quería ver esa película.
   I wanted to see that picture.

   Yo quíse ver esa película.
   I wanted to (I tried to) see that picture. No quise ir. I refused to go.

4. TENER Tuvieron que estudiar hasta las doce.
   They had to study until twelve. (and did)

   Tenían que estudiar hasta las doce.
   They had to (they were supposed to) study until twelve.

5. PODER Pudimos convencer al presidente.
   We were able (we tried and did) convince the President.

   Podíamos convencer al presidente.
   We could have (we usually could) convince the President.

Ejercicios

I. Llene el espacio en blanco con la forma correcta del imperfecto del verbo entre paréntesis.

1. Cuando _____ (ser) joven mi padre _____ (tener) mucho dinero.

2. Yo me _____ (preocupar) de todo antes.

3. María _____ (cantar) mientras Amelia _____ (tocar).

4. Hace dos años _____ (llover) todos los días.

5. _____ (hacer) tres años que yo no la _____ (ver).

6. Nosotros _____ (ir) todos los días al cine.

7. Antes se _____ (lavar) la ropa a mano.

8. Hace doscientos años no _____ (haber) electricidad.

9. Aunque tú lo _____ (ver) todos los días, no lo _____ (conocer).

10. Antes que hubiera refrigeración, las flores se _____ (marchitar) pronto.

II. Escriba una oración con cada una de las siguientes formas verbales.

1. marchábamos

2. supieron

3. murmuraba

4. se reía

5. podías

6. pedían

7. nos acostábamos

8. eran

9. te enojabas

10. conocí

III. Llene el espacio con la forma correcta del imperfecto o pretérito del infinitivo entre paréntesis.

"Erase una vez una niña que _____ (vivir) campo adentro... hija única de un médico rural... debido a la profesión del padre, _____ (cambiar) con frecuencia de casa y de lugar. Y debido también a ser hija única, su compañera era la soledad... no _____ (tener) amigos ni parientes a su alrededor. Y su compañía y su refugio _____ (ser) los libros. Leyendo mucho, aprendió a escribir... y con sus primeros cuentos cortos _____ (decidir) que _____ (deber) irse a la ciudad para estudiar una carrera tan digna como la de su padre. Pero en vez de Medicina _____ (decidir) estudiar Filosofía y Letras, para estar más cerca de todo lo que _____ (haber) leído en tantísimos libros. Y un día, aquella niña que _____ (ser) muy tímida se _____ (encontrar) con un importante diploma debajo del brazo, pero... ¡sin saber qué hacer con él! Y _____ (decidir) tomar parte en un concurso literario, en el que _____ (ganar) el primer premio con uno de sus románticos y profundamente humanos cuentos cortos..."
  Aquella niñita se _____ (llamar) Delia Fiallo... y aquellos _____ (ser) los primeros capítulos de la novela de su vida...
  Treinta y cinco años depués, sería la escritora más popular de Latinoamérica, gracias a dos telenovelas: "Leonela" y "Topacio"...

  Cuando Delia Fiallo _____ (llegar) a Estados Unidos exiliada de Cuba, lo primero que _____ (hacer) fue intentar trasladarse a Venezuela. En la televisión de Caracas le _____ (haber) dado una buena oportunidad; pero la mudada fue imposible porque en aquellos momentos no _____ (haber) cupo para extranjeros y tuvo que quedarse viviendo en Miami.
  Así _____ (empezar) la odisea de escribir en la distancia —dice riéndose— A lo cual al fin nos hemos acostumbrado a realizar sin problemas, la televisión caraqueña y yo.

(Vanidades)

Los Pronombres Reflexivos

Español	Inglés
ME	MYSELF
TE	YOURSELF
SE	YOURSELF, HIMSELF, HERSELF, ITSELF
NOS	OURSELVES
OS	YOURSELF
SE	YOURSELVES, THEM-SELVES (masc./fem)

Los verbos reflexivos son aquellos en los que el sujeto, el que hace la acción, es el recipiente de la misma.

    El hombre se lava las manos.

    Nos bañamos todos los días.

"El hombre" y "nosotros" son los sujetos de las oraciones anteriores. Son también los que reciben la acción del verbo.

Los Verbos de Construcción Reflexiva

I. Los verbos de construcción reflexiva son muchos.

Verbo Normal	Verbo de Construcción Reflexiva
Escondo las joyas.	Me escondo.
Baño al perro.	Me baño

Lava el coche.   Se lava la cara.

COMO se puede ver en los verbos de la derecha, el
que recibe la acción es el mismo que la origina.
El que recibe la acción en la columna izquierda
es el complemento directo (joyas, perro, coche).

II. Algunos verbos alteran su significado cuando se
usan en una construcción reflexiva.

    El avión partió a las dos.   El avión se partió.
    The plane left at two.   The plane broke.

    Tere fue a la tienda.   Tere se fue enojada.
    Tere went to the store.   Tere left angry.

    El policía paró el tráfico. El policía se paró tarde.
    The policeman stopped traffic. The policeman got up late.

    Siento que no hayas pasado. Me siento mal.
    I'm sorry you didn't pass.   I feel ill.

OTROS verbos semejantes son: levantar (to lift);
levantarse (to get up); parecer (to seem);
parecerse (to look like); divertir (to entertain);
divertirse (to have fun).

Los verbos pronominales

Hay un grupo de verbos que sólo puede ser conjugado con
el pronombre reflexivo. Estos verbos se dividen en tres
grupos.

1. <u>Verbos pronominales reflexivos.</u>

    En todo estos verbos la acción recae en el
    mismo sujeto que la ejecuta: alegrarse,
    espantarse, avergonzarse, acobardarse, etc.

        Me alegro que vengas.
        Nos arrepentimos de esa compra.
        ¿De qué te quejas?

2. <u>Pronominales recíprocos.</u>

    En estos verbos el sujeto está formado por un

mínimo de dos personas, cada una de las cuales recibe la acción ejecutada por la otra.

  María y yo nos escribimos

  Juan y yo nos tuteamos

  Adela y Pedro se tutean

3. Pronominales puros

En estos verbos el pronombre "reflexivo" no representa la función de objeto directo y no puede distinguirse de la forma verbal.

  Se desmayó cuando lo vio

  ¿Te acuerdas?

  Nos atrevemos a ir.

Ejercicios

I. Llene el espacio con la forma correcta del presente del verbo entre paréntesis.

1. Las muchachas no _____(acostarse) temprano.

2. Si _____(tomarse) dos aspirinas, se me quita el dolor.

3. Lourdes _____(peinar) a su hermanita.

4. Ricardito _____(ensuciarse) cuando juega con lodo.

5. ¿Tú no _____ (sentirse) mejor?

6. ¿A qué hora ella _____(levantarse)?

7. Yo nunca _____(cepillarse) con Colgate.

8. Nosotros _____(lavar) el coche.

9. La maestra _____(sentar) a los niños a la mesa.

10. Cuando les da comezón, ellas _____(rascarse).

El Acento Diacrítico

El acento diacrítico se usa para distinguir palabras que tienen la misma forma fónica pero significado distinto.

1. tú (pronombre) **you**
   tu (adjetivo) **your**

2. él (pronombre) **he**
   el (artículo) **the**

3. mí (pronombre) **me**
   mi (adjetivo) **my**

4. más (adverbio) **more**
   mas (conj. adv.) **but**

5. aún (adverbio) **still, yet**
   aun (conj.) **even**

6. sólo (adverbio) **only**
   solo (adj.) **alone**

7. té (sustantivo) **tea**
   te (pronombre) **you**

8. sí (adv. afirmativo) **yes**
   si (conj., nota musical) **if, B**

9. sé (forma verbal) **I know, be**
   se (pronombre) **him, her, you, himself, herself, yourself.**

10. dé (mandato de dar) **give**
    de (preposición) **of, from**

OBSERVE que el acento no sólo altera el significado de estas palabras, sino que también cambia su función gramatical.

NOTE también que los monosílabos en español no se acentúan, excepto en los casos antes citados.

Ejemplos

1. ¿Tú no sabes que tu saco te queda grande?

2. ¿Viste que él le dio el reloj a su primo?

3. No traiga más café para mí. Llénele la taza a mi amigo.

4. Pedí más leche mas me tomaré mi café solo.

5. ¿Trabajas aún? Sí, todos trabajamos, aun los niños.

6. Sólo me dieron cinco pesos, por eso vine solo.

7. Aunque sé que quieres té, no te lo voy a dar.

8. Si me dices que sí, te compro un barquillo.

9. Se lo guardó para sí mismo.

10. Sé que se te declaró Pedro. No lo niegues.

   NOTA: No todas las palabras que tienen más de un significado se acentúan para diferenciarlas.

   vino (wine)   vino (he came)

   son (they are)   son (a melody)

   El contexto es el que se encarga de diferenciarlas.

Ejercicios

I. Ponga el acento si es necesario.

1. Tu papa te castigo innecesariamente.

2. ¿Solo conseguiste eso?

3. No trabajo mas aunque se que me morire de hambre.

4. Me reprobaron mas yo no estudie.

5. Mi tia me dio a mi cinco pesos ayer

6. Dicen que el te de tilo es bueno para los nervios. Yo no se.

7. Se cayo Margarita y se rompio el tobillo.

8. ¿Aun no haces tu tarea? ¡Qué floja eres!

9. Mi hija quiere que le de mas dinero.

10. El vino anoche y trajo vino.

III. Escriba una oración utilizando cada una de las siguientes palabras.

1. se
2. solo
3. más
4. él
5. de
6. sí
7. aún
8. sé
9. el
10. aun

La Comunicación Escrita

Frecuentemente es necesario comunicarse por escrito con alguien. Las formas de saludo y despedida que abren y cierran, respectivamente, una carta, son algo diferentes en inglés y en español.

Aunque no son fórmulas a las que hay que adherirse estrictamente, las siguientes son formas aceptadas y usadas comúnmente en el mundo hispánico.

I. La carta personal.

    A. Formal

        Fecha: 12 de diciembre de 19...

        Cabeza: Sra. Margarita Pérez Saldaña
                    Directora, Escuela Simón Bolívar
                    Paseo de las encinas 45
                    Río Piedras, Puerto Rico

        Saludo: Estimada Sra. Pérez Saldaña:
                    Muy estimada Sra. Pérez Sàldaña:

        Texto: Adjunto encontrará usted la copia de mi Curriculum Vitae que me pidió le enviase. Como le dije en Nueva York, tengo un gran interés en regresar a Puerto Rico. Además de ser mi país natal, me siento llamada a hacer algo por la educación de sus niños.

                    Esperando que el recibo de la presente confirme su interés inicial en mi persona y en espera también de noticias suyas,

        Despedida: Le saluda atentamente,

                              Haydee Santos Ruiz
                              457 E. 5th. Ave.
                              New York, N.Y. 10111

B. Familiar o Íntima

    Fecha: 12 de abril de 19...

    Cabeza: Señorita Mariza del Valle
    (Optativo, Boulevard Libertadores 823
    se puede Guatemala, Guatemala
    omitir)   Centro América

    Saludo: Querida Mariza:
                 Muy querida Mariza:
                 Mariza:

    Texto: Espero que al recibir la presente ya hayas resuelto tu problema en la escuela y te encuentres bien en todo.

                 Me decías en tu última carta que piensas venir a Los Angeles para Navidad. Si así fuera, ¿me podrías traer unas cositas?

                 Mira, me hacen falta té de tila, jabón de coco y una buena jalea de guayaba. Yo te pago todo cuando vengas.

                 Todos estamos bien por acá. Tu abuelita te manda muchos saludos y besos. Te esperamos con los brazos abiertos.

    Despedida: Tu abuelito latoso,
                            Saludos,
                            Cariños,
                            Abrazos,
                            Besos,

II. La nota personal

    A. Felicitación

        Fecha: 2 de enero de 19...

        Cabeza: (Optativo)
                      Profesor Octavio Costa
                      Ceibas 45
                      México D.F. C.P. 06020
                      México

        Saludo: (Muy) estimado colega:
                      (Muy) querido colega:

        Texto: ¡Felicidades en su reciente nombramiento a la Academia de la Lengua.

                      Es de gran satisfacción personal este nuevo y bien merecido triunfo.

        Despedida: ¡Enhorabuena!

                      Martín Campos
                      Director
                      Universidad de Pacífico

    B. Invitación

        A. Formal

            Fecha: 3 de septiembre de 19...

            Cabeza: Señor José Luis Manzo Valenzuela
                          Calle 5, N. 234
                          Santo Domingo
                          República Dominicana

            Texto: El Club de Leones de Santa María se complace en invitar a usted y a su apreciable familia a la cena-baile que tendrá lugar el sábado 24 del presente en los salones de este mismo club.

La cena se servirá a las 8 de la noche y el baile será amenizado por la conocida orquesta "Los Osos" hasta las dos de la mañana.

El donativo es de $150.00 por persona y los fondos recabados serán designados al asilo Cristóbal Colón.

Despedida: Sin otra noticia por el momento, lo saluda,

Víctor Saldívar
Presidente

B. Familiar

Fecha: 15 de septiembre de 19...

Cabeza: (Optativo)

Saludo: Queridos Jorge y Estela:
Estimados Jorge y Estela:

Texto: El domingo 3 de octubre a las 9:00 PM vamos a celebrar el cumpleaños de Alberto con una cena a la cual están invitados.

Habrá cocteles desde las ocho y no se aceptan excusas. Los esperamos el tres.

Manuel y Mayra

C. Nota o carta a alguien impreciso.

Fecha: 6 de agosto de 19...

Cabeza: a quien corresponda:
a quien pueda interesar:

Texto: Polito Rodríguez, mi hijo, estuvo ausente ayer debido a una gripe que lo tuvo en cama todo el día. Por favor disculpen su ausencia y permítanle rehacer cualquier examen o trabajo que haya perdido el día de ayer.

Gracias,

Sra. Luisa G. Rodríguez

D. Pésame

Fecha: 21 de abril de 19...

Cabeza:

Saludo: Estimado (a) ...
Querido (a) ...

Texto: Nos hemos enterado apenas del fallecimiento de su mamá. Compartimos con usted (es) el dolor de esta gran pérdida y le rogamos a Dios por el eterno descanso de su alma.

Despedida: Cariñosamente,
Afectuosamente,

Maríajose Pelayo

III. La carta profesional

Fecha: 19 de marzo de 19...

Cabeza: Señor Alfredo Gómez, Director
Biblioteca Central
San José, Costa Rica

Saludo: Estimado Sr. Gómez:

Con esta fecha he enviado a la Srita. Marcela López una carta, reiterando otra anterior de hace más de un mes, de la cual no he tenido respuesta.

He hecho esto porque, ya que han pasado exactamente cinco semanas sin tener siquiera acuse de recibo, temo que mi carta anterior, con el recibo anexo, se haya perdido.

He querido escribir a usted para rogarle me diga si mis cartas han sido recibidas o es que he cometido algún error en los envíos.

Aprovecho esta oportunidad para volver a saludarlo.

Reciba mis atentos y cordiales saludos,

José Pérez Jiménez

Ejercicios

1. Escriba una carta a un familiar solicitando un favor. (Mínimo 60 palabras)

2. Escriba una carta a un (a) amigo (a) felicitándolo (a) por su graduación. (Mínimo 40 palabras)

3. Lea el anuncio que aparece abajo y escriba una carta solicitando más informes.

SERVICIO DE CONTROL DE PLAGAS

SERVI-ROMEX, S.A.
Calzada Legaria 78; México 18, D.F.

PROMOCION

Servicio de fumigación realizado por nuestro departamento de servicio técnico en la residencia o local de su propiedad

de 1 a 300 Metros Cuadrados

Ratas y ratones $4,945.00

Cucarachas. $4,945.00

Rata, ratón y cucarachas. . . . $8,395.00

Tels. 396-59-40 y 373-14-75 IVA INCLUIDO

CAPITULO VIII

El futuro

A. Verbos Regulares

　I. Los verbos regulares del futuro se conjugan según el siguiente patrón.

　　JUGAR: jug<u>aré</u> jug<u>arás</u> jug<u>ará</u> jug<u>aremos</u> jug<u>aréis</u> jug<u>arán</u>

　　TRAER: tra<u>eré</u> tra<u>erás</u> tra<u>erá</u> tra<u>eremos</u> tra<u>eréis</u> tra<u>erán</u>

　　SENTIR: sent<u>iré</u> sent<u>irás</u> sent<u>irá</u> sent<u>iremos</u> sent<u>iréis</u> sent<u>irán</u>

　　　OBSERVE que los cambios ocurren sólo en las terminaciones.

　II. El futuro se usa para indicar una acción que va a suceder después del momento en que se expresa.

　　Mañana comeremos en casa de tía Catalina.

　　　NOTE que frecuentemente se sustituye la construcción **ir a + infinitivo:**

　　Mañana vamos a comer en casa de tía Catalina.

　III. Se usa también para indicar probabilidad presente.

　　¿Dónde andará Pepita?　　Where could Pepita be?

　　Andará con Pablo.　　She must be (she is probably) with Pablo.

　IV. Se usa demás como sustituto del modo imperativo (mandatos).

　　Haz la tarea antes de salir. (mandato)

　　Harás la tarea antes de salir. (futuro)

Ejercicios

I. Llene el espacio con la forma correcta del futuro del verbo en paréntesis.

1. Mañana yo _____ (rezar) por ti para que te vaya bien.

2. Estoy seguro que en la fiesta ustedes _____ (beber).

3. ¿Nosotros _____ (viajar) a México en la primavera?

4. ¿Dónde _____ (estar) las muchachas?

5. ¿Qué hora _____ (ser)?

6. En vez de cerveza yo _____ (pedir) un jugo de naranja.

7. Gema _____ (recordar) estos días.

8. Mañana ustedes _____ (llegar) más temprano.

9. ¿Tú _____ (pedir) que te acompañen los mariachis?

10. El _____ (manejar) hacia la ciudad en la noche.

B. Verbos Irregulares.

Estos verbos son pocos y sus conjugaciones deben memorizarse.

1. Verbos que intercalan una **D** en la raíz.

SALIR   saldré saldrás saldrá saldremos saldréis saldrán

VENIR   vendré vendrás vendrá vendremos vendréis vendrán

TENER   tendré tendrás tendrá tendremos tendréis tendrán

VALER   valdré valdrás valdrá valdremos valdréis valdrán

PONER: pondré pondrás pondrá pondremos pondréis pondrán

2. Verbos con R.

HACER   haré   harás   hará   haremos   haréis   harán

SABER   sabré   sabrás sabrá   sabremos sabréis sabrán

PODER   podré   podrás podrá   podremos podréis podrán

HABER   habré   habrás habrá   habremos habréis habrán

CABER   cabré   cabrás cabrá   cabremos cabréis cabrán

QUERER querré querrás querrá querremos querréis querrán

DECIR   diré   dirás   dirá   diremos   diréis   dirán

Ejercicios

I. Llene el espacio con la forma correcta del futuro del verbo entre paréntesis.

1. De seguro que los tomates no _____(valer) más mañana.

2. ¿Qué te _____(poner) yo en la mesa?

3. ¿Tú _____(venir) más temprano.

4. Rosa _____(hacer) la comida en la tarde.

5. Cuando vea a Rosaura, yo _____(saber) la verdad.

6. Nosotros _____(salir) por Nueva York.

7. Te aseguro que yo _____(hacer) lo que tengo que hacer.

8. Ustedes _____(tener) más dinero el año que entra.

9. ¿_____ (caber) todos en esa miniatura?

10. Yo _____ (querer) que me sirvan más cerveza.

II. Escriba una oración utilizando cada una de las siguientes palabras.

1. tocaremos

2. sabremos

3. querrán

4. podré

5. cabrás

6. harás

7. traeré

8. pondrá

9. dirán

10. negociaré

III. Escriba una carta a su amigo (a) preferido (a) diciéndole todo lo que hará en sus próximas vacaciones. Escriba aproximadamente 100 palabras usando el tiempo futuro lo más que pueda.

Numerales

Los Numerales Cardinales

0	cero	8	ocho
1	uno	9	nueve
2	dos	10	diez
3	tres	11	once
4	cuatro	12	doce
5	cinco	13	trece
6	seis	14	catorce
7	siete	15	quince

NOTA: El numeral uno se convierte en UN antes de un nombre singular masculino; en UNA antes de un nombre singular femenino.

Un muchacho   Una muchacha

Los numerales del 16 al 29 se escriben por lo regular como una sola palabra. Sin embargo en algunas partes aún se usa la forma fragmentada de tres palabras.

16	dieciséis (diez y seis)	23	veintitrés
17	diecisiete		(veinte y tres)
18	dieciocho	24	veinticuatro
19	diecinueve	25	veinticinco
20	veinte	26	veintiséis
21	veintiuno	27	veintisiete
22	veintidós	28	veintiocho
		29	veintinueve

30	treinta	60	sesenta
31	treinta y uno	70	setenta
32	treinta y dos	80	ochenta
40	cuarenta	90	noventa
50	cincuenta	100	cien

NOTA: Recuerde que los numerales terminados en uno cambian a UN antes de un sustantivo masculino singular u otro numeral como MIL y a UNA antes de un femenino.

Veintiún lápices
Cincuenta y un libros
Sesenta y una chicas
Treinta y un mil toneladas

101	ciento uno	115	ciento quince
102	ciento dos	199	ciento noventa y nueve

Ciento un libros
Ciento una muchachas
Ciento treinta y un lápices

Pero: Cien mil

200	doscientos	600	seiscientos
300	trescientos	700	setecientos
400	cuatrocientos	800	ochocientos
500	quinientos	900	novecientos

NOTA: Los números de 200 a 900 concuerdan con el género del nombre.

Doscientas sillas.

Trescientos perros.

```
1000      mil
1001      mil (y) uno
1100      mil cien(to)
1153      mil ciento cincuenta y tres
2000      dos mil
10000     diez mil
100,000   cien mil
1,000,000 un millón
```

1,000,000 de personas. Un millón de personas.

NOTA: En la mayoría de los países de habla hispana se usa punto, no coma. Mil no tiene uno o un delante. Tampoco tiene plural. Excepto en cantidad indeterminada.

Miles de páginas.

Se debe agregar DE después de miles, un millón y antes de un nombre.

Los años se expresan a la par de su valor numérico. 1980 mil novecientos ochenta; 1801 mil ochocientos uno.

Los Numerales Ordinales

Los numerales ordinales que más se usan son del primero al décimo. Estos números concuerdan en género y número con el sustantivo que modifican.

El primero de junio.   La primera fila.

El segundo libro.   La segunda edición.

Tercero, Cuarto, Quinto, Sexto, Séptimo, Octavo, Noveno, Décimo.

NOTA: Primero y tercero cambian a primer y tercer antes de un nombre masculino singular.

Me voy en el primer tren que salga.

Al tercer día resucitó Jesús.

Del once en adelante se usan por lo general numerales cardinales.

El siglo veinte (XX)
Alfonso Trece (XIII)

PERO: Felipe Segundo, Carlos Quinto, etc.

Con los días del mes estos números se usan sólo con el primero.

El cinco de abril.   El dos de marzo.
April the fifth.   March the second.

PERO: El primero de diciembre.
December the first.

Los Quebrados o Fracciones

1/8	un octavo (de pulgada)
1/4	un cuarto (de kilómetro)
3/4	tres cuarto (de metro, de pulgada, etc.)
3/16	tres dieciseisavos (de pulgada)

El Porcentaje

7%	El siete por ciento, o siete por ciento.
32%	El treinta y dos por ciento, o treinta y dos por ciento.

Ejercicios

Escriba el número que aparece entre paréntesis asegurándose que corresponda al nombre que le sigue.

1. 101 _____ botellas.

2. 26 _____ mujeres.

3. 100 _____ nubes.

4. 200 _____ problemas.

5. 151 _____ personas.

6. Las 1001 _____ noches.

7. 120,000 _____ órdenes.

8. 1492 _____.

9. 515 _____ poemas.

10. 21 _____ trabajadores.

11. 22 _____ tazas de café.

12. 1,000 _____ dólares.

13. 5/4 _____ de pulgada.

14. El 51% _____ de los estudiantes.

15. El 14 _____ de julio de 1776 _____.

16. 1821 _____.

17. Esta mercancía tien un descuento del 23% _____.

18. 414 _____ escuelas.

19. 21,000 _____ plantas.

20. 23 _____ alumnas.

21. El 4 _____ de julio.

22. Las "first" _____ sillas.

Expresiones Problemáticas con D

I. La D causa a veces confusiones con la R cuando aparece entre vocales, especialmente en ciertas regiones americanas.

coro	codo	loro	lodo
miro	mido	toro	todo
parecer	padecer	merecer	humedecer

NOTA: Esto se debe a que cuando la D está entre vocales suena distinto que cuando aparece en otras posiciones.

II. El sonido de la D al final de palabra es débil y esto ocasiona que desaparezca a veces.

Se escribe	Suena
voluntad	voluntá
pared	paré
ciudad	ciudá

III. No confunda la siguiente secuencia de sonidos que a veces representan una sola palabra y otras veces dos.

dé más	demás
da dos	dados
dé dos	dedos
di más	Dimas

Ejercicios

I. Complete con **D** o con **R** los espacios en blanco.

1. El to__o mira to__o.

2. Al lo__o cae el lo__o.

3. El co__o canta como lo__o.

4. En ca__a ca__a había una sonrisa.

5. No hubo mo__o de ver al mo__o.

6. Me obligó que mira__a su mira__a.

7. Se lastimó el co__o toreando al to__o.

8. La a__iposa mariposa no pu__o volar.

9. Parece que Alberto pa__ece de los nervios.

10. Cuando mi_o, mi_o cuidadosamente.

II. Escriba una oración con cada una de las siguientes palabras.

1. morada

2. adoro

3. modero

4. di amante

5. periódico

6. caminada

7. diamante

8. demoro

9. mido

10. adelantada

La Y y la E; la O y la U

A. La Y antes de palabras que empiezan con I o con HI, cambia a E.

    Verano e invierno   padre e hijo
    maldad e ironía   aguja e hilo

EXCEPCIONES:
1. Al principio de una interrogación se usa Y.

    ¿Y Isabel?   ¿Y Hipólito?

2. Antes de HIE se usa Y.

    ron y hielo   carbón y hierro

3. Antes de la Y.

    Platero y yo   Cállate y ya

B. La O antes de palabras que empiezan con O o con HO, cambia a U.

    siete u ocho   clínica u hospital

Ejercicios

I. Llene el espacio con la Y o con la E según sea necesario.

1. Juan estaba pálido _____ histérico.

2. Ejercicio _____ higiene son indispensables.

3. Lo encontraron entre pingüinos _____ hielos.

4. Beatriz es bonita _____ inteligente.

5. El patio estaba cubierto de piedras _____ hierbas.

6. Entre inyección _____ inyección se siente mejor.

7. Fue entonces que preguntó "¿ _____ Isabel?

8. Pollo _____ iguana saben casi igual.

9. Hidrógeno _____ oxígeno son partes del agua.

10. Destruyeron templos _____ ídolos paganos.

II. Llene el espacio con la O o con la U según convenga.

1. Quiere estudiar medicina _____ odontología.

2. Se encontraron una barrera _____ obstáculo.

3. Varón _____ hembra, el bebé sería bienvenido.

4. Nos sirvieron unas verduras _____ hongos verdes.

5. Día __ noche, los muchachos vendrán.

6. El extranjero parecía alemán __ holandés.

7. No sabían si lo que veían era espejismo __ oasis.

8. Los trabajos __ obras de Mariano Azuela son numerosos.

9. No sabía si sentir alegría __ horror.

10. El animal me rozó con la cabeza __ hocico.

El acento en los interrogativos

Se acentúan cuál, quién, qué, cómo, dónde, cuándo, cuánto, si tienen valor interrogativo o admirativo, directo o indirecto.

1. ¿Cuál te gusta? (interrogativo directo)
   Esta es mi almohada favorita sin la cual no puedo dormir.

2. No sé a quién llevar. (interrogativo indirecto)
   Esta es la muchacha a quien conociste ayer.

3. ¿Cuándo irás? (interrogativo directo)
   Cuando pueda
   Me interesa saber cuándo viene (interrogativo indirecto)
   Tráeme cuando menos dos
   Siempre te miro cuando juegas.

4. ¿Cuánto dinero tienes? (interrogativo directo); Cuanto necesito
   ¡Cuánto muchacho había en la playa! (admirativo)
   Cuanto más estudia, más aprende.
   ¡Cuánto me hace falta Manuelita! (admirativo)

5. ¿Qué te parece? (interrogativo directo)
   Que tendremos que esperarnos.
   No sé qué decirte (interrogativo indirecto)
   Mira, ¡qué bonito es ese coche! (admirativo)

OBSERVE que cuando el valor interrogativo o admirativo está ausente, no hay acento.

¿Qué dices?
Que te calles.
¿Que me calle dices?

Por qué (pregunta por qué razón)

Porque (por causa o razón de que; conjunción)

¿Por qué no vienes? Porque no puedo.

6. Lo hice sin saber cómo ni cuándo. (interrogativo indirecto)
¿Cómo cocinaste el menudo? Como pude.
Eres como una luz en mi camino.

7. ¿Dónde está mi guayabera azul? (interrogativo directo)
Ignoro dónde esté. (interrogativo indirecto)
Esta es la casa donde nací.

NOTA: dónde (adverbio interrogativo); en qué lugar, en el lugar en que.
¿Dónde estás?

donde (adverbio relativo); en que.
El coche donde viaja el señor Arias acaba de salir.

Ejercicios

I. Ponga el acento donde haga falta.

1. ¿Cuantos años llevas trabajando en la Secretaria de Hacienda?

2. ¿Cual de aquellos te gusta? Cualquiera.

3. No se quien podria ir a buscarte a esta hora.

4. ¿Como desea su bistec, señor Perez?

5. ¿Donde esta el correo en esta ciudad?

147

6. Ven cuando tengas ganas. No seas penoso.

7. ¿Cuando me vas a pagar? Cuando pueda.

8. ¿Cuanto valen los tomatillos?

9. Eres como una espinita que se me ha clavado en el corazon.

10. Yo ignoro a que hora regreso Julieta del baile.

II. Escriba una oración utilizando correctamente cada una de las siguientes palabras.

1. Cuántos

2. dónde

3. cómo

4. qué

5. cuándo

6. cuanto

7. donde

8. quién

9. cuál

10. porque

LECTURA

El Día del Santo

El día del Santo es una festividad casi tan importante como el cumpleaños para la gente hispánica. En los países hispanos cada día del año está dedicado a un Santo o a una Santa de la religión católica. Muchos calendarios no sólo marcan el día y la fecha sino que también indican qué Santo o Santa se festeja ese día.

Entre algunos hispanos todavía existe la costumbre de nombrar a los hijos según el día en que nacen. Así los nacidos el 15 de agosto pueden llamarse Mario o María; los que vienen a este mundo el 19 de marzo se pueden llamar José o Josefina; y si les toca el 13 de junio pueden ser Antonio o Antonia. Esta práctica explica en parte por qué hay hombres y mujeres llamados Concepción y Guadalupe. Sin embargo ésta es una buena costumbre pues combina dos festividades en una y evita el tener que celebrar dos "cumpleaños": el de la persona y el del Santo de la persona.

En algunos hogares hispánicos aún se celebra el día del Santo. Según las posibilidades económicas de cada familia puede haber una gran cena y baile o puede haber una modesta reunión familiar donde se festeja al halagado. Puede también haber una merienda de atole y tamales en algunos hogares de origen mexicano o de chocolate y churros en otros. En esta ocasión, así como en los cumpleaños, se le cantan canciones al festejado. En los hogares de ascendencia mexicana se le pueden cantar "Las Mañanitas" y en otros el "Cumpleaños Feliz", una adaptación del "Happy Birthday".

Ejercicios

I. Escoja la palabra o frase de la columna izquierda que corresponda a la de la derecha.

    1. festividad   a. canción mexicana

    2. cumpleaños   b. pinole

3. hogar   c. cena

4. Las Mañanitas   ch. festejo, fiesta

5. merienda   d. casa familiar

6. festejado   e. pasta de harina y man-
                            teca horneada y relle-
                            na de dulce a veces.

7. atole   f. al contrario, al revés

8. tamal   g. empanada de masa de
                            harina de maíz.

9. sino que   h. agasajado

10. churro   i. aniversario de naci-
                            miento

11. pastel   j. pasta de harina elon-
                            gada a la que se le
                            espolvorea azúcar.

                        k. bebida de maíz cocido.

                        l. curro

II. Escriba una oración utilizando cada una de las
    siguientes palabras.

    1. merienda

    2. hogar

    3. atole

    4. Las Mañanitas

    5. churros

III. Escriba una carta a un amigo (a) y explíquele de-
     talladamente cómo celebrará su próximo cumple-
     años o día de Santo. (120 palabras)

CAPITULO IX

El condicional o potencial

A. Verbos Regulares

Los verbos regulares del condicional son los mismos que los verbos regulares del futuro.

JUGAR: jugar**ía** jugar**ías** jugar**ía** jugar**íamos** jugar**íais** jugar**ían**

TRAER: traer**ía** traer**ías** traer**ía** traer**íamos** traer**íais** traer**ían**

SENTIR: sentir**ía** sentir**ías** sentir**ía** sentir**íamos** sentir**íais** sentir**ían**

B. Verbos Irregulares

Los Verbos que agregan una D en la raíz.

SALIR: sal**drí**a sal**drí**as sal**drí**a sal**drí**amos sal**drí**ais sal**drí**an

TENER: ten**drí**a ten**drí**as ten**drí**a ten**drí**amos ten**drí**ais tendrían

VALER: val**drí**a val**drí**as val**drí**a val**drí**amos val**drí**a¡s valdrían

PONER: pon**drí**a pon**drí**as pon**drí**a pon**drí**amos pon**drí**ais pondrían

Los verbos con R.

HACER: ha**rí**a ha**rí**as haría ha**rí**amos ha**rí**ais ha**rí**an

SABER: sa**brí**a sa**brí**as sa**brí**a sa**brí**amos sa**brí**ais sa**brí**an

PODER: pod**rí**a pod**rí**as pod**rí**a pod**rí**amos pod**rí**ais podrían

151

HABER:	hab<u>ría</u>	hab<u>rías</u>	hab<u>ría</u>	hab<u>ríamos</u>	
	hab<u>ríais</u>	hab<u>rían</u>			
CABER:	cab<u>ría</u>	cab<u>rías</u>	cab<u>ría</u>	cab<u>ríamos</u>	
	cab<u>ríais</u>	cab<u>rían</u>			
QUERER:	que<u>rría</u>	que<u>rrías</u>	que<u>rría</u>	que<u>rríamos</u>	
	que<u>rríais</u>	que<u>rrían</u>			

I. El condicional se usa para expresar una acción futura con referencia a una acción pasada.

María Cristina dijo que vendría a las ocho.
María Cristina dice que vendrá a las ocho.

II. Se usa también para indicar probabilidad en el pasado.

¿Por qué no vendría Raúl?

Estaría jugando como siempre.

III. Se usa para mostrar cortesía al pedir algo con ciertos verbos como poder, deber o querer.

¿Podrías hacerme ese trabajo para el lunes?

IV. Se usa además en la oración principal de un periodo condicional pero no en la cláusula introducida por si.

Si tuviera buena voz, te cantaría una canción.

C. Verbos con otros cambios.

DECIR: di<u>ría</u>   di<u>rías</u>   di<u>ría</u>   di<u>ríamos</u>   di<u>ríais</u>
di<u>rían</u>

Ejercicios

I. Llene el espacio con la forma correcta del condicional del verbo entre paréntesis.

1. Si no te conociera, _____ (decir) que estás bromeando.

2. ¿Qué horas _____ (ser) cuando llegó Roberto?

3. ¿_____ (salir) tú conmigo a bailar?

4. Te _____ (pedir) más dinero, si lo tuvieras.

5. Pensó que tú _____ (platicar) con ella después.

6. El centro de los Angeles _____ (estar) lleno de gente.

7. Tú no _____ (caber), si fueras más gorda.

8. El carpintero dijo que _____ (terminar) para el lunes.

9. Si me dieras un beso, me _____ (hacer) muy feliz.

10. ¿_____ (poder) tú prestarme unos mil dolaritos?

II. Escriba una oración utilizando cada una de las siguientes palabras.

1. diríamos

2. pensaría

3. comerían

4. mentirían

5. valdría

III. Escriba usted una carta a un amigo (a) explicándole qué haría si se ganara dos millones de dólares en la lotería. (50 a 75 palabras). Recuerde usar el condicional lo más que pueda.

Verbos de Construcción Inversa

Existe en español un grupo de verbos en los que, al contrario de la mayoría, el sujeto viene después del verbo. Entre ellos tenemos GUSTAR, DOLER, INTERESAR, PARECER, IMPORTAR, HACER FALTA, FALTAR, ENCANTAR Y QUEDAR.

        Nos duele la cabeza. (a nosotros)
        Nos duelen los pies. (a nosotras)

        ¿Qué te parece el libro?
        ¿Qué te parecen los anillos?

        Me cae bien el vino.
        Me caen mal las uvas.

        Le gusta la playa. (a ella)
        Le gustan las fiestas. (a ella)

OBSERVE que estos verbos se usan con el pronombre de complemento indirecto y que están en la tercera persona del singular o plural. Están en singular si el sustantivo que les sigue es singular. Aparecen en plural si el sustantivo es plural. Note también que en los casos de ambigüedad (**le, les**) es necesaria la frase aclaratoria: a ella, a ustedes, a ellos, etc.

Ejercicios

Escriba una oración utilizando correctamente cada una de las siguientes frases.

1. nos gusta
2. me hacen falta
3. te duelen
4. le parece
5. te encantan
6. les gustan
7. nos cae bien
8. te faltan
9. le importan
10. me interesa

Hace + Expresión Temporal + que ...

A. La expresión "hace + que + verbo en presente" tiene una equivalencia en inglés a "have + past participle + for", o "have not ... for".

   Hace dos años que te veo.
   I have been seeing you for two years.

   Hace diez meses que no la visito.
   I have not visited her for ten months.

   ¿Cuánto hace que esperas?
   How long have you been waiting for?
   How long have you waited for?

   ¡Hace dos horas que espero!
   I have been waiting for two hours!
   I have waited for two hours!

   EXCEPCION:

   Vivo ahí desde septiembre.
   I have lived there since September.

B. La expresión "hace + expresión temporal + que ..." es equivalente al inglés "ago".

   Hace dos años que te vi.
   I saw you two years ago.

C. La expresión "hacía + expresión temporal + que" más un verbo en el imperfecto es equivalente al inglés "had been for".

   Hacía dos años que no te veía.
   I had not seen you for two years.

   ¿Cuánto hacía que trabajabas allí?
   How long had you been working there?

Ejercicios

Escriba una oración con cada una de las siguientes expresiones.

1. hace diez meses que

2. hacía un año que

3. ¿Cuánto hace que ...?

4. ¿Cuánto hacía que ...?

5. Hace una hora que

6. ¿Cuántos años hace que ...?

7. ¿Cuántos días hacía que ...?

8. Hacía media hora que

9. Hace un minuto que

10. Hacía diez años que

Expresiones problemáticas con la E

I. La **E** y **HE** se confunden pues suenan igual.

      echo (de echar)
      hecho (de hacer)
      hecho (sustantivo "fact")

      e (sustituo de Y)
      he (de haber)
      ¿eh? (interrogación)

II. Recuerde que en muchas palabras inglesas cognadas no existe la E del español.

especial	special
estado	state
espinaca	spinach

III. Tenga en cuenta que en español la "e" nunca reproduce el sonido /i/ del inglés. No confunda **me** con **mí** en la escritura.

Español	Inglés
mi	my
mí	for me, to me, myself
me	me, to me
así	like this
hace	he/she makes

IV. No confunda las secuencia de sonidos.

es tirarse	estirarse
es coger	escoger
es timar	estimar
el hijo	elijo
en Tere	entere
en hoja	enoja

Ejercicios

Escriba una oración utilizando cada una de las siguientes palabras.

1. elijo

2. es tirarse

3. enoja

4. echo

5. estado

6. espinaca

7. estirarse

8. estimar

El acento en palabras de origen extranjero

Las palabras de origen extranjero tienden a conservar la sílaba tónica de su idioma original.

1.	el bilet	11.	el quórum
2.	el cupé	12.	el récord
3.	el(la) casette	13.	el referí
4.	el dandi	14.	el satén o satín
5.	el déficit	15.	el elepé
6.	el esmokin	16.	el ultimátum
7.	el exprés	17.	Los Campos Elíseos
8.	la fórmica	18.	el wáter (baño)
9.	el zíper	19.	el zepelín
10.	el flirteo	20.	el vídeo

Ejercicios

I. Escriba una oración con cada una de las siguientes palabras.

1.	bilet	6.	elepé
2.	récord	7.	clisé
3.	zíper	8.	ultimátum
4.	cupé	9.	videocinta
5.	exprés	10.	referí

LECTURA

¿Existe un español universal?

Debido a la inestabilidad económica y a la represión política hispana en el Caribe, Centro América y otras partes, la población hispana en nuestro país ha aumentado considerablemente en los últimos años. Con tanta variedad de voces y acentos alrededor de uno, vale la pena preguntarse si existe un idioma español comprensible a la mayoría de los hispanohablantes. ¿Es el español mexicano una lengua extranjera para el argentino? ¿Es el español cubano ininteligible para un chileno? ¿Es el español hablado en los "barrios" norteamericanos incomprensible al residente de San Juan o de la Ciudad de México?

El fenómeno más reciente de la lengua española quizá sea en la lengua oral de los barrios hispánicos de nuestro país. Aquí la gente ha olvidado o simplemente sustituido varias palabras del vocabulario español. Probablemente el recién llegado de algún país de habla hispana se sorprenda al escuchar palabras como "quiquear" (patear), "brecas" (frenos), "rufo" (techo) y "liquear" (gotear).

Así como el español de los barrios norteamericanos está influenciado por el inglés, el español de otras partes se halla bajo el influjo de lenguas indígenas o de preferencias regionales. Así como en nuestro país, la diferencia más notable es la referente al nombre de las cosas. A un cubo de basura, por ejemplo, se le llama "zafacón" en Puerto Rico, "tacho de basura" en Argentina y "latón de basura" en Cuba. A un autobús se le llama "guagua" en Cuba, "camión" en México y "micro" en Chile.

A pesar de éstas y otras diferencias similares, la mayoría de los nombres y adjetivos españoles son los mismos en todos los países. En lo que corresponde a verbos, adverbios, pronombres, conjunciones y estructuras gramaticales, hay una uniformidad casi universal. El hispanohablante educado podrá o no saber el significado de "guagua", "camión" o "micro", pero sí conoce autobús, palabra de un español universal entendido por la gran mayoría. Una de las metas del estudiante de español en cualquier parte del mundo es la de aprender, además del regional que ya conoce, el español universal para poder comunicarse con cualquier hispanohablante.

Sí, existe un español universal y es el que por lo general se enseña en la aulas de escuela y aparece en libros, revistas y periódicos. Un hispanohablante que conozca a fondo su idioma puede comunicarse, con mayor o menor dificultad, con la gran mayoría de los demás hispanohablantes.

Ejercicios

I. Conteste en un breve párrafo las siguientes preguntas.

1. ¿Cree usted que el español hablado en cierta región es superior al hablado en la mayoría de otras regiones? ¿Por qué o por qué no?

2. ¿Es posible entender un español universal? ¿Por qué sí o por qué no?

II. Dé usted el equivalente de las palabras y expresiones de la columna izquierda que aparecen en la derecha.

1.	habitante	a.	pregunta
2.	preguntar	b.	indio, aborigen
3.	indígena	c.	influencia
4.	preguntarse	ch.	interrogarse a sí mismo
5.	meta	d.	conjunto de habitantes
6.	ininteligible	e.	objetivo, fin a que se tiende
7.	población	f.	inquirir, cuestionar
8.	influjo	g.	tal vez
9.	quizá	h.	cerca de

10. aula   i. residente

11. a fondo   j. que no puede entenderse

12. los demás   k. el resto

                     l. con profundidad

                     ll. salón de clase

III. ¿Cree usted en la universalidad del español? Escriba una breve defensa o ataque a este artículo. (120 palabras)

REPASO CAPITULOS VII, VIII, IX

I. Llene el espacio con el imperfecto o el pretérito del verbo en paréntesis.

1. Cuando _____(ser) niño, José _____(bañarse) todos los días.

2. Hace dos años _____(llover) casi todos los días.

3. Cuando Irene _____(ser) mi novia, la _____(ver) diariamente.

4. El _____(ir) al cine cuando _____(encontrarse) a Pedro.

5. Mis tías _____(celebrar) mi cumpleaños todos los años.

6. El viento _____(soplar) y _____(hacer) mucho frío.

7. Las calles _____(inundarse) cada verano.

8. El siempre _____(apagar) la luz antes de acostarse.

9. Ellas _____(lavar) la ropa cuando _____(oir) el grito.

10. Nosotras _____(jugar) cuando _____(llegar) Tito.

II. Llene el espacio con la forma correcta del futuro o condicional del verbo entre paréntesis.

1. Sergio no está aquí. ¿Dónde _____(andar)?

2. Nosotras _____(salir) mañana si pudiéramos.

3. Nosotros _____(salir) mañana temprano.

4. ¿_____(poder) tú hacer eso para el lunes? (petición cortés)

5. ¿_____(querer) usted más café? (futuro)

6. Y nosotras ¿qué _____(hacer) con ese dinero?

7. ¿_____(hacer) calor mañana?

8. ¿Qué hora _____(ser) cuando llegó Marco?

9. No tuve tiempo para ver el partido, ¿_____(ganar) los Dodgers?

10. Se me olvidó el reloj. ¿Qué hora _____ (ser)?

III. Acentúe las palabras que lo necesiten.

1. Prestame tu pantalon azul.

2. Lupe trajo ese regalo para mi.

3. Si no me das mas te, me enojare.

4. Mi hermano y su esposa vinieron ayer.

5. El correo no llega aun. ¿Cuando llegara?

6. Dicen que el vino solo.

7. ¿Por que se dice que el agua es buena?

8. Necesito que usted me entregue la tarea diariamente.

9. Te aseguro que no se que hacer en este caso.

10. Alvaro se hallo cien pesos en la avenida.

IV. Escriba los siguientes números.

1. 2,500 sillas

2. 131 planetas

3. 953 calles

4. 21 problemas

5. 1607

6. "the first page"

7. El siglo XX

8. 300,000 plantas

9. 21 mujeres

10. 101 personas

IV. Llene el espacio con el pretérito o el imperfecto del verbo entre paréntesis.

1. A Juan le _____ (interesar) esas noticias.

2. Dicen que a mí de niño me _____ (gustar) los deportes.

3. A nosotros siempre nos _____ (doler) la cabeza.

4. ¿Por qué a ti sólo te _____ (quedar) un dólar?

5. A él no le _____ (caer) bien los frijoles.

6. A los chicos no les _____ (gustar) el vino.

7. Te aseguro que a mí no me _____ (importar) las malas lenguas.

8. A ustedes no les _____ (importar) el ruido.

9. A ellas les _____ (faltar) sólo un libro por leer.

10. Me _____ (hacer falta) cien dólares.

VI. Llene el espacio con la forma correcta, reflexiva o no, del pretérito o imperfecto del verbo en paréntesis.
1. Juan _____ (levantar) hoy muy tarde.

2. Pablo _____ (levantar) la silla.

3. Luisita _____ (ensuciar) con el polvo del coche.

4. Después de tomar esa pastilla, yo _____ (sentir) mejor.

5. Concepción _____ (bañar) a su perro.

6. Juan Manuel _____ (lavar) la cara.

7. El adolescente _____ (divertir) a los invitados.

8. Pedrito no _____ (cepillar) los dientes diario.

9. Miriam _____ (apurar) cuando no supo de su hijo.

10. Es bueno _____ (acostar) temprano.

VII. Repaso General. Acentúe donde sea necesario.

1. ¿Por que no estudias mas? Porque no tengo tiempo ni ganas.

2. ¿Quien podra saber la respuesta?

3. ¿A quienes viste anoche en el baile de graduacion?

4. ¿Donde vive la señorita Garcia?

5. Te advierto que aprenderemos como evitar esa situacion.

6. ¿Cuantos años llevas trabajando en esa compañia?

7. ¿Cuando vendras a visitarnos? Cuando

pueda.

8. Cuanto mas estudia mas aprende.

9. ¿Donde no te llaman vas?

10. El hecho es que el echo esa carta a la basura.

11. ¿Donde queda Constantinopla?

12. Se dice que el Oceano Pacifico es mas caliente que el Atlantico.

13. El avestruz es un ave de America del Sur.

14. ¿Cuanto vale el pan en esa panaderia?

15. No se cuantas naranjas cayeron.

16. La toalla no se seco. Estaba todavia humeda.

17. Los Ramirez nos esperaron en el aeropuerto.

18. Las almohadas de pluma de pato son las mejores.

19. La Republica de Mexico gano su independencia en 1821.

20. Se exhibieron bailes y vestidos tipicos.

CAPITULO X

A. **Las formas verbales compuestas del indicativo.**

Las formas compuestas se forman con la conjugación apropiada del verbo auxiliar **HABER** más el participio pasado.

B. **El participio pasado o pasivo.**

   1. El participio pasado regular.

      | jugar | jugado |
      | traer | traído |
      | venir | venido |

   OBSERVE que esta forma se obtiene agregando ADO e IDO a la raíz del verbo.

   2. El participio pasado irregular.

      | escribir | escrito |
      | romper | roto |
      | decir | dicho |
      | soltar | soltado, suelto |
      | cubrir | cubierto |
      | imprimir | impreso, imprimido |
      | morir | muerto |
      | ver | visto |
      | hacer | hecho |
      | volver | vuelto |

   OBSERVE que algunos verbos utilizan dos formas. Su uso depende de la situación.

   El ha soltado al pájaro.
   El ganado anda suelto por el monte.

En el caso de verbos con dos participios, se utiliza el regular para la formación de los tiempos compuestos y el irregular queda en función de adjetivo para determinar a un sustantivo o después del verbo ser o estar:

Presidente electo, está atento.

EXCEPCIONES: frito, impreso y previsto.

OTROS verbos con dos participios son:

1. atender   atendido, atento
2. bendecir   bendecido, bendito
3. corregir   corregido, correcto
4. despertar   despertado, despierto
5. elegir   elegido, electo
6. extender   extendido, extenso
7. maldecir   maldecido, maldicho
8. prender   prendido, preso
9. sustituir   sustituido, sustituto

C. **Presente Perfecto.**

He escrito   Has escrito   Ha escrito

Hemos escrito   Habéis escrito   Han escrito

Se usan para referirse a una acción del pasado cuyos efectos persisten en el presente.

Gracias a Dios he terminado.
Thank God I have finished.

Se usa para expresar el pasado y en algunas partes de España es un sustituto del pretérito.

¿Has comido?
Have you eaten?

Hemos ido a clase todos los días.
We have gone to class everyday.

Ejercicios

I. Llene el espacio con la forma correcta del presente perfecto.

1. Siempre que llegas, yo ya _____ (terminar).
2. ¿_____ (leer) tú ya esa novela?
3. Hoy nosotros _____ (comer) muy bien.
4. Ustedes no _____ (colgar) los cuadros.
5. Yo _____ (escribir) eso a máquina dos veces.
6. ¿Tú siempre _____ (jugar) con esa venda?
7. ¿Ya _____ (lavar) tú la ropa?
8. ¿_____ (romper) usted sus relaciones con Petra?
9. ¿_____ (leer) ustedes Cien años de soledad?
10. Miguel y Marco no _____ (decir) la verdad.

II. Escriba una oración utilizando cada una de las siguientes formas verbales.

1. han tomado
2. he decidido
3. has hecho
4. hemos permitido
5. han cubierto
6. ha visto
7. hemos vuelto
8. he soltado
9. has frito
10. ha brincado.

III. Escriba una carta a un amigo (a) narrando sus últimas vacaciones. Utilice el presente perfecto y el pretérito.

D. **El Pluscuamperfecto.**

El pluscuamperfecto se forma con el imperfecto de **HABER** más el participio pasivo.

ABRIR: había abierto, habías abierto, había..., habíamos..., habíais..., habían....

Se usa este tiempo para indicar la anterioridad de una acción relativa a otra o relativa a un momento en el pasado. Observe que ambas acciones ya han ocurrido.

Habíamos comido cuando sonó el teléfono.
We had (already) eaten when the phone rang.

En 1980 ya había terminado sus estudios.
In 1980 he/she had finished his/her studies.

Ejercicios

I. Llene el espacio con la forma correcta del pluscuamperfecto del verbo entre paréntensis.

1. Nosotros ya _____ (leer) esa novela.

2. Yo no _____ (empezar) a leer el periódico cuando tocaron.

3. El año pasado ustedes aún no _____ (ir) a Puerto Rico.

4. Cuando cumplí 15 años yo ya _____ (ver) esa película.

5. Ella ya se _____ (vestir) cuando llegué.

6. ¿Tú la _____ (conocer) antes?

7. Todavía yo no _____ (despertar) cuando el timbre sonó.

8. Tú si _____ (estar) en Acapulco antes.

9. Ellos _____ (cenar) cuando entró Pedro.

10. Pensé que tú _____ (depositar) el dinero en el banco.

II. Escriba una oración con cada una de las siguientes formas verbales.

1. habíamos roto

2. había escrito

3. habían dicho

4. habías leído

5. había escuchado

6. habíamos estudiado

7. había confesado

8. habían elegido

9. había traído

10. había corregido

Otros Acentos

I. Los pronombres demostrativos deberán acentuarse.

Esta casa es muy grande pero <u>aquélla</u> es mejor.

Dame <u>éste</u> y <u>ése</u>. Los demás no me sirven.

Ese perro y <u>éste</u> son mis favoritos.

NOTE que los adjetivos demostrativos no se acentúan. Esto es cuando las formas de arriba acompañan a un sustantivo no se acentúan.

NOTE que esto, eso, aquello, son pronombres pero no se acentúan porque no pueden acompañar a un sustantivo.

II. Los adverbios terminados en MENTE mantienen su acento original.

pública	constante
públicamente	constantemente
fácil	rápida
fácilmente	rápidamente

III. El primer elemento de una palabra compuesta no lleva acento gráfico. El segundo elemento se acentúa según las reglas normales.

    decimoséptimo   rioplatense   trabalenguas

       ciempiés   veintidós

IV. Los infinitivos terminados en **EIR, OIR, UIR,** se escribirán sin acento.

    sonreir   desoir   construir   oir   instruir

Sus conjugaciones se acentúan sólo si se deshace el diptongo.

    sonrío   desoigo construyo   oigo   instruyo

V. Los infinitivos terminados en **IAR** y **UAR** se escribirán sin acento. Sus conjugaciones a veces se acentúan y a veces no, ver p. 64-65.

VI. La letra **O** llevará acento cuando vaya entre dos números para evitar confusión con el cero.

        8 ó 9   7 ó 5

Ejercicios

I. Acentúe donde haga falta.

    1. Dificilmente esta moto es mejor que aquella.

    2. Probablemente traeran 8 o 9 cañones para la defensa.

    3. Llevate esta silla y traeme aquella.

    4. ¿Por que no me quieres dar eso?

    5. ¿Cual de aquellos te gusta?

    6. La aristocratica secretaria escribio el manuscrito.

7. Llovio mucho, mas las flores no se marchitaron.

8. El Ballet Folklorico de Mexico estuvo en Peru.

9. Ayer festejamos el decimoquinto aniversario de nuestro encuentro.

10. ¿Quien tiene cien dolares disponibles para esa inversion?

Expresiones problemáticas con F

I. El sonido "F" se puede representar en inglés con **PH** o con **F**. En español se representa únicamente con **F**.

físico	physique
física	physics
fantasma	phantom
teléfono	telephone

II. Otro problema recurrente es la **doble F** del inglés que nunca ocurre en español.

difícil	oficina	eficaz
difficult	office	efficient

Ejercicios

Escriba una oración con cada una de las siguientes palabras.

1. diferente
2. fonógrafo
3. fase
4. telefoneé
5. esfuerzo
6. efecto
7. eficazmente
8. afecto
9. indiferente
10. ofensa

LECTURA

Los Quince Años

Los quince años de la mujer hispana se celebran casi con tanta pompa como las bodas. Los padres presentan orgullosos a su hija a la sociedad y los parientes y amigos les ayudan a festejar tan importante día.

Las familias más tradicionales de la clase media preceden la fiesta con una misa en honor de la agasajada. Ataviada con un vestido largo, la jovencita entra a la iglesia seguida de sus padres, padrinos, damas y chambelanes, y los invitados. El sacerdote celebra la misa y después explica a la joven y a los concurrentes la importancia de este día en que la niña, simbólicamente, se convierte en mujer. La iglesia está decorada de flores y un organista acentúa la solemnidad de la ocasión.

Después de la iglesia los celebrantes se reúnen en un salón de fiestas o en el hogar de la jovencita o de algún pariente para seguir el festejo. Puede o no haber cena, pero casi siempre hay un baile, el cual es esperado ansiosamente por todos. Es costumbre que el padre o el padrino de la quinceañera se ponga de pie y diga algunas palabras. Después da comienzo al baile danzando la primera pieza con la festejada. Inmediatamente después los aficionados al baile se lanzan a la pista y el resto se dedica a observar, beber, comer y conversar.

Además de su boda, ésta es quizá la fiesta más memorable de una jovencita. Los padres que no le celebran los quince años a su hija son tenidos en menos. Y algunos actúan como si el amor hacia su hija se midiera según el lujo de la fiesta. Algunas familias ahorran por años para esta ocasión; otras se endeudan por este motivo; y casi todas gastan más de lo que pueden en la celebración de los quince de su hija.

Ejercicios

I. Escoja la palabra de la columna derecha correspondiente a la de la izquierda.

1.	pompa	a.	guardar una parte
2.	preceder	b.	máquina para sacar un líquido
3.	ataviar	c.	conocedor, entendedor
4.	vestido largo	ch.	economizar, guardar
5.	padrino	d.	padre
6.	chambelán	e.	llenarse de deudas
7.	concurrente	f.	indumentaria de lujo
8.	acentuar	g.	gentilhombre, acompañante
9.	pariente	h.	componer
10.	aficionado	i.	realzar, resaltar
11.	pista de baile	j.	familiar
12.	tener en menos	k.	suelo o lugar para danzar
13.	endeudarse	l.	el que patrocina a otro en un bautizo, boda, etc.
14.	ahorrar	ll.	asistente
		m.	solemnidad, suntuosidad
		n.	menospreciar, desdeñar
		ñ.	anteceder, estar antes

II. Escriba una oración utilizando cada una de las siguientes palabras.

    1. precede

    2. acentúa

    3. te endeudas

    4. concurrentes

    5. ataviado

III. Escriba una descripción de alguna fiesta de quince años a la que haya asistido. Si nunca ha asistido a una, describa alguna fiesta memorable.

Hector y María Elena Villagra

Se complacen en invitar a usted y a su

apreciable familia, a la

Celebración de los 15 Años

de su Hija

Beatriz María

que se llevara a cabo el

Sábado 22 de Junio de 1985

Recepción y Baile

desde las 7:00 p.m.

686 Bataan Place

Monterey Park, California

CAPITULO XI

El Futuro Perfecto

A. El futuro perfecto se forma con el futuro de **HABER** y el participio pasado del verbo que se conjuga.

> PEINAR: habré peinado, habrás ..., habrá ..., habremos ..., habréis ..., habrán ....

B. Se usa este tiempo para expresar una acción futura anterior a otra que no ha sucedido todavía o una acción futura anterior a un momento futuro. Ambas están por suceder.

> Habré acabado cuando llegue Beto.
> I will have finished when Beto arrives.
>
> A las 8 habré terminado el trabajo.
> I will have finished the work by 8.

C. Se usa también para expresar probabilidad o duda en el pasado.

> ¿Qué habrá pasado con David?
> I wonder what happened to David.
>
> Tal vez habrá trabajado ayer.
> He probably worked yesterday.

Ejercicios

I. Llene el espacio con la forma correcta del futuro perfecto del verbo entre paréntesis.

1. Para mañana yo _____ (pulir) mi auto.

2. Cuando tú llames, nosotros ya _____ (comer).

3. A las nueve, Elena ya _____ (responder) a las preguntas del examen.

4. ¿_____ (devolver) Juan las llaves?

5. Para el año 2000, yo _____ (visitar) Marte.

6. La nave espacial _____ (alunizar). [aterri-

zar en la luna]

7. Tú _____ (escribir) ocho cartas para cuando yo llegue.

8. No sé que pasó, me _____ (quedar) dormido.

9. ¿_____ (terminar) María y Rosa para el lunes?

10. Cuando usted venga, yo ya _____ (salir).

II. Escriba una oración utilizando cada una de las siguientes expresiones.

1. habré tocado

2. habrán expresado

3. habré disfrutado

4. habremos escrito

5. habrás vuelto

Condicional Perfecto

A. El condicional perfecto se forma con el condicional de **HABER** más el participio pasado del verbo que se conjuga.

JUGAR: habría jugado, habrías ..., habría ..., habríamos ..., habríais ..., habrían ....

B. El condicional perfecto se usa para expresar una acción futura respecto a una acción pasada. La acción pasada viene expresada en la oración principal. La acción futura en la subordinada.

Me dijo que para la semana próxima ya habría terminado.
He told me that he would have finished by next week.

C. Se usa también en cláusulas que combinan con oraciones condicionales.

Habría pasado, si hubiera estudiado.

OBSERVE que este tiempo compuesto "habría

pasado", se usa en los periodos condicionales si la cláusula subordinada por si contiene un "hubiera estudiado". Véase las p. 244-45 y 261-63.

Ejercicios

I. Llene el espacio con la conjugación correcta del condicional perfecto del infinitivo entre paréntesis.

1. Me prometió que ellos _____(terminar) el trabajo para el lunes.

2. Nos dijeron que ellos no _____(venir).

3. Si no hubieras comido tanto, no _____(estar) enfermo.

4. Tú _____(cantar) mejor, si no hubieras estado ronca.

5. Pensé que usted ya _____(comer)

6. Creímos que tú ya te _____(dormir)

7. Si no hubiera llegado a tiempo, yo la _____ (dejar).

8. Me imaginé que usted ya _____(leer) el periódico.

9. Nosotros te _____(esperar) más, si no hubiera estado lloviendo.

10. Supusimos que Marta ya _____(escrito).

II. Escriba una oración con cada una de las siguientes expresiones.

1. habríamos sugerido

2. habría escrito

3. habrías cubierto

4. habríamos construido

Las formas progresivas

Las formas progresivas se forman con la conjugación de verbos como ESTAR, IR, VENIR, ANDAR y LLEVAR, más el gerundio.

    estoy cantando   voy buscando
    estarías soñando   vengo buscando
    anda diciendo   llevo trabajando 8 horas

OBSERVE que estas formas expresan una acción en el momento que está o estaba sucediendo.
SEGUIR y **CONTINUAR** expresan la duración de la acción.

    Sigue trabajando   Continúa estudiando

Ejercicios

I. Escriba una oración con cada una de las siguientes expresiones.

1. estaremos comiendo
2. andaría cantando
3. llegamos corriendo
4. sigo pensando
5. llegas exigiendo
6. continuaré escribiendo
7. estará pidiendo
8. se fue caminando
9. estarás sirviendo
10. continuábamos bebiendo

Palabras y expresiones problemáticas con G y con J

I. Uno de los problemas fundamentales con la G es que **GE** y **GI** suenan igual que **JE** y que **JI**. Su sonido es igual al de $/j/$. Recuerde que la **G** en **GA, GU** reproduce otro sonido distinto.

    geranio, gitano, gesto, girasol, Getulio

RECUERDE que el sonido es suave, de G en las

siguientes posiciones: GA, GO, GU.

Galicia, gordura, gusano, gato, etc.

RECUERDE también que la U no suena en GUE o en GUI.

Guevara, guerra, guitarra, guinda, etc.

EXCEPCION: Cuando la u lleva diéresis (ü):

vergüenza, bilingüe, pingüino

II. Los verbos terminados en **GER** y en **GIR** cambian la **G** por **J** antes de la **A** o de la **O**.

    escojo, escoja   dirijo, dirija

III. Debe distinguirse entre los homófonos con **G** y con **J**.

    gira (de girar)   jira (tira de una tela)
    vegete (de vegetar)   vejete (de viejo)
    Girón (apellido)   jirón (pedazo del vestido)
    agito (de agitar)   ajito (ajo pequeño)

Ejercicios

Escriba una oración con cada una de las siguientes palabras.

1. encoja
2. ligero
3. geografía
4. gigante
5. masaje
6. agencia
7. juguete
8. gimnasia
9. follaje
10. escoge

IV. Algunas palabras se escriben con **J** en inglés y con **Y** en español.

trayectoria   trajectory

yuxtaposición   juxtaposition

OTRAS palabras iguales son: mayor, inyección, proyector, etc.

Ejercicios

Escriba una oración con cada una de las siguientes palabras, y léala en voz alta.

1. averigüé

2. bendijo

3. proyector

4. coraje

5. vendaje

6. contagió

7. yuxtaposición

8. joya

9. paragüería

10. inyección

LECTURA

El sitio ideal para vacaciones

Panamá es un país enormemente musical, en el que la exuberancia del paisaje, de su verdor, de su sabor a trópico, se confunde con la música que se oye y se disfruta a cada paso y en cualquier momento. Me fascinó oír a Celia Cruz... y escuchar las canciones del "Rey de la Salsa", Rubén Blades, un abogado panameño convertido en uno de los grandes cantantes populares de la música latinoamericana... también ver a su gente bailando **cumbia** o el **tamborcito** de manera contagiosa...

El folklore y las artesanías panameñas fueron otro descubrimiento. El carnaval (con sus bailes de disfraces, y el Entierro de la Sardina). El precioso traje nacional llamado "la pollera", uno de los más característicos y suntuosos de toda América Latina...

El sombrero "montuno" que llevan los hombres, la belleza de sus "molas" (camisas) y en general, toda la artesanía panameña... Igual que las "bateas" pintadas a mano; las "chaquiras" o collares de gran colorido, con cuentas bellísimas; los artículos de "rosa de madera"...

Ciudad Panamá, con sus modernos edificios altísimos, al borde del Pacífico, me hizo desde el primer momento una impresión muy, muy agradable. Y la pasé estupendamente recorriendo el Casco Viejo de la ciudad, empezando el recorrido en la Plaza de Francia y conociendo Las Bóvedas; la iglesia de San José, con el famoso Altar de Oro; el Palacio de Justicia; las ruinas de la Iglesia de Santo Domingo en el Museo de Arte Colonial Religioso. ¡Es una cálida ciudad donde "la buena vida" se disfruta a plenitud y con absoluta sensualidad y complacencia!

Ejemplos de buenos restaurantes (aparte de los hoteles, que son excelentes) son Sarti, Pana-China, Panamar, Pez de Oro, Las Américas... También muy buenos El Gallo de Oro, Big Mama's, La Tablita, La Casa del Marisco, Las Rejas y Marbella. Y hay muchos otros, y con cocina de todas partes del mundo. Discotecas de moda son Open House, Disco 2.000, Tucan, Magic, Las Molas y Bakkus... Hay baile y **show** en los cabarets de todos los hoteles, igual que bares agradabilísimos donde tomar tragos y oír un poquito de música.

Salir de compras --mercaderías que vienen de todas partes del mundo y se venden sin impuestos--- es uno de los grandes atractivos adicionales a la visita a Panamá, al que a veces le llaman "El Bazar del Mundo".

Tanto en Panamá Viejo, como en Plaza de Francia, igual que en los centros comerciales de Plaza Paitilla, Bal Harbour y El Dorado, hay tiendas y excelentes **boutiques**, además de las que existen en los diferentes hoteles y a lo largo de la Avenida Central y Avenida 4 de Julio, y en la Calle 50.

Podemos comprar cosas locales panameñas, como lo son: las "molas" hechas por los **indios cuans**; las "chaquiras", hechas por los **indios guaymíes**; los sombreros montunos, figuras de barro y de madera tallada; objetos de cerámica y de "papier maché"; ornamentos para el pelo, como los que se usan con las polleras de gala, artículos de paja y de cuero, y lindas reproducciones de joyería indígena.

Del resto de América Latina también podemos encontrar ponchos, rebozos, ruanas, artesanías y carteras de cuero; mientras que de Europa y los Estados Unidos hay maravillosas cámaras, perfumes, relojes, suéteres de **cashemira**, cristalería, telas, joyas, licores y ropa hecha, tanto de mujeres como de hombres, etc.

Del Oriente venden maravillosos manteles, artículos de marfil, de bronce, telas brocadas y de sedas, porcelanas, perlas cultivadas, todo tipo de equipo fotográfico y electrónico, además de vistosas alfombras y preciosos **kimonos** y **saris** bordados...

Como ven, Panamá es ciertamente una especie de "bazar" donde encontrar tesoros de todas partes del mundo.

(Vanidades)

Ejercicios

I. Escoja la palabra de la columna derecha correspondiente a la de la izquierda.

1.	paisaje	a.	vista, cuadro
2.	verdor	b.	se mezcla
3.	se confunde	c.	se goza
4.	se disfruta	ch.	color verde
5.	artesanías	d.	obras de artesanos
6.	disfraz	e.	piel
7.	sardina	f.	lugar antiguo
8.	"molas" (camisas)	g.	vestido de máscara
9.	marfil	h.	camisa con figuras bordadas
10.	estupendamente	i.	magníficamente
11.	casco viejo	j.	bandera
12.	mercaderías	k.	mercancías
13.	madera tallada	l.	tejido que cubre la mesa para comer
14.	paja	ll.	caña sin el grano
15.	cuero	m.	madera trabajada
16.	reloj	n.	tejido de lana de algodón u otro material
17.	cristalería	ñ.	substancía hallada en los dientes de los vertebrados
18.	telas	o.	máquina que señala la hora
19.	mantel	p.	pez pequeño
		q.	cosas hechas de cristal

II. Escriba una respuesta a las siguientes preguntas.

1. ¿Qué cosas de Panamá impresionaron al viajero?
¿Por qué?

2. Según el artículo, el salir de compras es uno de los grandes atractivos de Panamá. ¿Por qué?

III. Describa usted su sitio favorito para vacaciones o para compras. (100 palabras)

CAPITULO XII

El Modo Imperativo (Mandatos)

Los mandatos directos son órdenes, afirmativas o negativas, dirigidas a **USTED, USTEDES** o **TU**.

Mandatos Afirmativos de Usted y Ustedes

A. Verbos Regulares

Todos los verbos cuya primera persona del singular termina en O son regulares en la formación del mandato de USTED y USTEDES.

1a Persona Singular	Usted	Ustedes
pienso	piense	piensen
traigo	traiga	traigan
prefiero	prefiera	prefieran

OBSERVE que los verbos terminados en AR cambian la O de la primera persona del singular por E. Los terminados en ER o IR sustituyen la misma O por A. La primera persona del singular es la base del mandato de **Usted**.

CABER: quepo, quepa, quepan

COMER: como, coma, coman

CANTAR: canto, cante, canten

SEGUIR: sigo, siga, sigan

NOTE también que el plural, ustedes, se forma agregando una N al singular.

B. Los verbos terminados en **CAR, GAR, ZAR, GER** y **GIR** son regulares en el mandato de USTED pero tienen un cambio ortográfico.

TOCAR: toque usted   toquen ustedes

JUGAR: juegue usted   jueguen ustedes

ESCOGER: escoja usted   escojan ustedes

DIRIGIR: dirija usted   dirijan ustedes

Verbos Irregulares

Los verbos irregulares del mandato **USTED** son aquéllos cuya primera persona singular del presente de indicativo no termina en **O**. Algunos verbos de estos son: ir, estar, saber, ser, dar, etc.

IR:	voy	vaya usted	vayan ustedes
ESTAR:	estoy	esté usted	estén ustedes
SABER:	sé	sepa usted	sepan ustedes
SER:	soy	sea usted	sean ustedes
DAR:	doy	dé usted	den ustedes

Los Mandatos Negativos

Los mandatos negativos de **USTED** se forman anteponiendo **NO** al mandato afirmativo.

Venga.   No venga.   Sea.   No sea.
Sepan.   No sepan.   Dé.   No dé.

Ejercicios

Dé usted el mandato afirmativo de **USTED** o **USTEDES** de los siguientes infinitivos.

1. llegar
2. soñar
3. perder
4. caminar
5. dormir
6. discutir (ustedes)
7. sacar
8. colgar (ustedes)
9. almorzar
10. caber (ustedes)

Mandatos Afirmativos de tú

A. Verbos Regulares

El mandato afirmativo **TU** de las formas regulares

es igual a la tercera persona singular del presente de indicativo.

PENSAR: piensa tú   piensa (él)
DESEAR: desea tú   desea (él)
ESCRIBIR: escribe tú   escribe (él)

B. Verbos Irregulares

El mandato afirmativo **TU** de algunos verbos es irregular. Hay que memorizar estas formas.

decir	di	hacer	haz
ir	ve	poner	pon
salir	sal	ser	sé
tener	ten	venir	ven

Mandatos Negativos de Tú

Los mandatos negativos **Tú** se forman agregando una **S** a la forma afirmativa del mandato **Usted**, y anteponiendo un **No**.

Afirmativo de Usted	Negativo de Tú
Camine usted.	No camines tú.
Venga usted.	No vengas tú.
Duerma usted.	No duermas tú.

Ejercicios

I. Escriba usted el mandato afirmativo de **tú** de los siguientes infinitivos.

1. cerrar

2. ahogar

3. poner

4. decir

5. escribir

II. Escriba usted el mandato negativo de **tú** en los siguientes verbos.

　　1. producir　　　6. salir

　　2. traer　　　　 7. proponer

　　3. hacer　　　　 8. caber

　　4. dirigir　　　 9. decir

　　5. ir　　　　　 10. comenzar

III. Piense usted que tiene un hijo adolescente y que se va a ir de vacaciones por dos semanas. Dígale lo que debe hacer o no hacer durante su ausencia. (Se le sugieren estos verbos pero Ud. puede usar otros: visitar, limpiar, limitar, traer, hacer, salir, abrir, cerrar, cocinar.)

IV. Convierta las siguientes expresiones en mandatos formales de **USTED, USTEDES,** según se pida.

　　Ejemplos:　¿Arreglamos el coche?
　　　　　　　　　Arreglen el coche.

　　　　　　　　　¿Compongo una canción?
　　　　　　　　　Componga una canción

　　1. ¿Escucho el ruido?

　　2. ¿Sacamos buenas notas?

　　3. ¿Dirijo la orquesta?

　　4. ¿Pensamos en la lección?

　　5. ¿Salimos temprano?

　　6. ¿Pido más café?

　　7. ¿Preferimos café?

　　8. ¿Voy mañana?

　　9. ¿Nado tarde?

　　10. ¿Servimos flan?

V. Usted es muy exigente. Pídale a alguien que le lave su coche. ¿Qué es lo que debe hacer y qué no?

Mandatos con Nosotros

Los mandatos con la forma **Nosotros** sugieren u ordenan que se lleve a cabo una acción por el hablante y sus acompañantes.

HABLAR:	Hablemos	DECIR:	Digamos
TRAER:	Traigamos	SABER:	Sepamos
DIRIGIR:	Dirijamos	SER:	seamos

OBSERVE que aquí la raíz del verbo tiene los mismos cambios que sufre la formación del mandato afirmativo de **Usted**.

SUSTITUTO ALTERNATIVO: Vamos a hablar.

Mandatos Indirectos

Los mandatos indirectos se forman con "Que + mandato".

Que Juan ponga la mesa.
Have (Let) Juan set the table

Que cante Pedro.
Have (Let) Pedro sing.

OBSERVE que estos mandatos expresan la voluntad del hablante de una forma indirecta y se refieren a alguien presente o ausente a quien el hablante no se dirige de manera directa.

Posición de los pronombres con los mandatos afirmativos

En todos los mandatos afirmativos el pronombre de complemento directo o indirecto debe ir al final del mandato y ser parte de él.

Duérman**se** ustedes temprano.

De**le** usted leche a ese niño.

Présta**nos** tú cien dólares.

Pensémos**lo** un poco más.

Posición de los pronombres con los mandatos negativos

Los pronombres de complemento directo o indirecto vienen antes del mandato de acuerdo al siguiente patrón. Observe que no se unen al verbo.

>No **se** duerman ustedes.

>No **nos** prestes tú cien dólares.

>No **le** dé usted leche.

>No **lo** pensemos más.

Ejercicios

I. Conteste las siguientes preguntas con un mandato afirmativo según se indica.

>**Ejemplos:** ¿El café? (dar, usted)
>Sí, démelo.
>¿Una paella?
>   (preparar, tú)
>Sí, prepáranosla.
>
>¿Te traigo la ensalada? (tú)
>Sí, tráemela.

1. ¿Le pongo la mesa? (a usted)

2. ¿Le lavo la ropa? (a ella)

3. ¿Te doy más vino? (a ti)

4. ¿Les platico lo que me pasó? (a ustedes)

5. ¿La puerta abierta? (dejar, usted)

II. Convierta sus respuestas del ejercicio I en negaciones.

1.
2.
3.
4.
5.

III. Escriba una oración con cada una de las siguientes expresiones.

1. que traigan
2. salgamos
3. que pida
4. conduzcamos
5. que no toque
6. despertémonos
7. que exija
8. no lo pienses
9. alcanza
10. paguemos

IV. Llene el espacio en blanco con la conjugación correcta del verbo en paréntesis.

1. Deja que Marta _____ (poner) la mesa.
2. Tú, no lo _____ (pensar) más y cásate.
3. Sr. Ramírez, por favor _____ (bañar) a mi perro.
4. Y ustedes, _____ (cocinar) bien la carne de puerco.
5. Mesero, por favor, _____ (traer) otro refresco.

Expresiones problemáticas con la H

Ya que la **H** es muda en español es necesario memorizar qué palabras la utilizan y cuáles no.

I. Uno de los problemas mayores es el relacionado con los homófonos.

1. habría   (de haber)
   abría   (de abrir)

2. aprehender (de prender)
   aprender   (adquirir conocimiento)

3. haremos   (de hacer)
   aremos   (de arar)

4. ¡Bah!   (interj. de desdén)
   va   (de ir)

5. deshecho   (de deshacer)
   desecho   (desechar, desperdicio)

7. hice   (de hacer)
   ice   (de izar, "to hoist")

8. hierro   (metal)
   yerro   (falta, error)

9. hinca   (de hincar, arrodillarse, meter los dientes)
   inca   (civilización sudamericana)

10. hizo   (de hacer)
    izo   (de izar)

11. ¡Oh!   (interjección)
    o   (conjunción)

12. hojear (pasar las hojas)
    ojear   (dar un vistazo)

13. hola   (saludo)
    ola   (del mar)

14. honda   (profunda, resortera)
    onda   (ola)

15. hora   (del día)
    ora   (de orar)

16. hoces   (de hoz)
    oses   (de osar, "to dare")

17. horno   ("oven")
    orno   (de ornar, adornar)

18. rehusar (rechazar)
    reusar (volver a usar)

II. Recuerde que algunas palabras que comienzan con el sonido **A** se escriben con **H** en inglés y sin ella en español.

   alucinación   hallucination
   aleluya   hallelujah
   arenga   harangue
   armónico   harmonic
   arcabuz   harquebus

Ejercicios

I. Llene el espacio con la palabra adecuada.

1. El Servicio Secreto _____ al espía.
   (aprendió, aprehendió)

2. Juan _____ siempre que tiene problemas.
   (ora, hora)

3. Los muchachos se pasan el tiempo _____ a las chicas. (ojeando, hojeando)

4. Todas las mañanas _____ la bandera.
   (hizo, izo)

5. ¡Cómo _____ levantarme la voz, te pego!
   (oses, hoces)

6. Sé que cometí un _____, pero ya me arrepentí. (yerro, hierro)

7. _____ la tierra y olvidemos la lluvia.
   (Aremos, Haremos)

8. Después del trabajo Francisco estaba _____.
   (desecho, deshecho)

9. ¿Dices que no _____ la masa?
   (hablando, ablando)

10. El año pasado _____ todos los días.
    (habría, abría)

II. Escriba una oración con cada una de las siguientes palabras.

1. ¡Bah!

2. habilidad

3. haremos

4. hola

5. ola

197

LECTURA

POLLO AL VINO

Ingredientes:

- 1 pollo
- ½ libra de tocineta
- Mantequilla
- 1 libra de hongos
- 1 docena de cebollitas blancas
- 1 cucharada de harina
- ½ botella de vino tinto
- ½ litro de consomé
- 1 ajo
- Perejil, laurel, tomillo

Desprese el pollo y póngalo con pimienta y sal. Ponga la tocineta en una sartén hasta que se dore, sáquela y deje la grasa. Ponga un poco de mantequilla y fría las cebollas hasta que se doren, sáquelas; se fríen igual los hongos y se sacan. En esta misma grasa se dora el pollo, habiéndolo pasado antes por la harina. Se ponen todos estos ingredientes en una olla, agregándole el ajo, el laurel, el tomillo, etc., se deja en esta olla al fuego bajito durante cinco minutos y se le agrega el vino tinto. Caliéntese hasta que hierva, teniendo el cuidado de rebullirlo después, agréguele el caldo, tápelo y cocínelo durante cinco minutos a calor mediano. Pasado de este tiempo saque la salsa, cuélela, si está demasiado clara, déjela reducir rápidamente, vuélvale a agregar el pollo, pruébela, vuélvala a calentar y sírvala.

(Vanidades)

Ejercicios

I. Dé el infinitivo de los siguientes mandatos.

1. desprese
2. ponga
3. dore
4. saque
5. deje
6. fría
7. caliéntese
8. hierva
9. agregue
10. tape
11. cocine
12. cuele
13. vuelva
14. pruebe
15. sirva

II. Escoja la palabra de la columna derecha que corresponda a la de la izquierda.

1. agregar
2. colar
3. tapar
4. caldo
5. rebullir

a. unir, juntar
b. condimento de olor fuerte
c. pasar un líquido por un colador
ch. líquido obtenido cociendo carne en agua
d. semilla reducida a

			polvo.
6.	olla	e.	vasija redonda para guisar.
7.	laurel	f.	planta sin clorofila
8.	tomillo	g.	árbol cuyas hojas son condimento
9.	ajo		
10.	harina	h.	empezar a bullir (mover, agitar)
11.	hongo	i.	carne gorda del cerdo
12.	tocineta	j.	planta de labiadas usada como condimento
13.	sartén		
14.	Despresar	k.	vasija de hierro para freír
		l.	cortar en piezas un ave
		ll.	cubrir

III. Escriba indicaciones sobre uno de los siguientes temas. (80 palabras)

A) Escriba su receta favorita e indique cómo prepararla.

B) Indique cómo encerar un auto.

C) Indique cómo plantar un rosal.

Repaso Capítulos X, XI, XII

I. Llene el espacio con la forma correcta del presente perfecto o del pluscuamperfecto, según convenga.

1. Tú ya _____ (comer) cuando llegó el cartero.

2. Cuando he estudiado siempre _____ (sacar) buenas notas.

3. Cuando habló el Presidente ya se _____ (mandar) la protesta.

4. Yo lo sé, porque yo sí _____ (escribir).

5. Rosa no _____ (devolver) los libros a la biblioteca.

6. ¿Aún tú no _____ (hacer) la tarea?

7. Me imaginé que ellas _____ (venir) cuando vi su coche.

8. Yo _____ (romper) el cristal. ¿ahora qué hago?

9. Aún yo no _____ (traer) los materiales cuando empezó a llover.

10. Nosotros aún no _____ (empezar) a comer cuando sonó el teléfono.

II. Acentúe donde sea necesario.

1. Aunque este libro es bueno, aquel es mejor.

2. El campeón gano la carrera facilmente.

3. Celebramos el decimoseptimo aniversario de la fundacion de nuestra asociacion.

4. El jesuita estudia lingüistica en la Universidad Catolica.

5. Cuando llegamos habia 8 o 9 camiones destruidos.

6. ¿Estas segura que te graduas en el verano?

7. El medico opero lenta y cuidadosamente.

8. Este no me gusta, enseñame aquel por favor.

9. Esta division es dificil, pero aquella es facil.

10. El profesor habia instruido bien a los alumnos.

III. Reescriba las siguientes oraciones haciendo todas las correcciones necesarias.

1. El equipo que cometa menos hierros ganara.

2. Abría que tener mas abilidad para llamar su atencion.

3. El telephono de la officina es amarillo.

4. Es dificil que esa philosofia tenga algun effecto.

5. Es un echo que la biologia y la physica son dificiles.

6. Prefiero que ella no dirija el coro este año.

7. "Ablando se entiende la gente", dijo el jefe a sus hombres.

8. La enfermera le puso una injeccion al paciente.

9. Miriam es muy devota. Siempre ora.

10. La juxtaposición de dos elementos opuestos es recomendable.

IV. Llene el espacio en blanco con **G, Gu, Gü,** o **J** según convenga.

1. ami___ito   3. ___erra

2. un___ento   4. lle___é

5. si___ió
6. fin___o (yo)
7. se___iste
8. ele___iste
9. exa___ero
10. distin___es
11. ali___eras
12. ur___o
13. distin___í
14. alber___aron
15. conse___iré
16. fin___iste
17. perse___í
18. prote___o
19. enco___a
20. esco___e

V. Llene el espacio con la forma correcta del futuro perfecto o del condicional perfecto.

1. No he visto a José. ¿_____(venir) a verme.
2. Para mayo nosotros _____(reparar) el techo.
3. ¿_____(llegar) a tiempo Julio?
4. Cuando llegue el cartero, yo ya _____ (salir).
5. Me supongo que te _____(peinar) antes de venir.
6. Pensaron que nosotros _____(llamar) otra vez.
7. Si no hubieras comido tanto, no _____ (estar) tan molesto.
8. Se imaginó que yo ya _____(leer) ese libro.
9. Supuse que tú ya _____(terminar) esa novela.
10. No sé nada de Elena. ¿Qué _____(ser) de ella?

VI. Escriba usted el afirmativo de los siguientes mandatos.

    Ejemplos: No haga la tarea.
                    Hágala.

                    No tiendas la cama.
                    Tiéndela.

1. No veas a Sarita.
2. No cantes esa canción.
3. No ponga la mesa.
4. No llames al muchacho.
5. No lea la carta.
6. No salgas al frío.
7. No pinte esa casa.
8. No brinques el charco.
9. No barras el patio.
10. No construya edificios.

VII. Escriba usted el negativo de los siguientes mandatos.

    Ejemplos: Enséñemela.
                    No me la enseñe.

                    Dímelo.
                    No me lo digas.

1. Pónmela
2. Pásamelos
3. Léamela
4. Préstemelo
5. Tráigamelo

6. Díselo
7. Déjasela
8. Sábelo
9. Házmelo
10. Piénsalo

CAPITULO XIII

El Modo Subjuntivo

I. Los verbos regulares del presente de subjuntivo se forman cambiando la terminación O de la primera persona singular del presente de indicativo por E o por **A**, y añadiendo las desinencias personales habituales. Su formación es igual a la de los mandatos de **USTED**.

Infinitivo		Presente Subjuntivo
CAMINAR	caminO	camine, camines, camine, caminemos, caminéis, caminen.
BEBER	bebO	beba, bebas, beba. bebamos, bebáis, beban.
ABRIR	abrO	abra, abras, abra, abramos, abráis, abran.

A. En la primera y segunda persona del plural ciertos verbos tienen un cambio adicional.

PENSAR   piense, pienses, piense, pEnsemos, pEnséis, piensen.

VOLVER   vuelva, vuelvas, vuelva, vOlvamos, vOlváis, vuelvan.

SENTIR   sienta, sientas, sienta, sIntamos, sIntáis, sientan.

OTROS verbos semejantes son: jugar, querer, colgar, mover, adquirir, morir (muramos), oler, mentir (mintamos), herir (hiramos), etc.

II. Los verbos terminados en **CAR, GAR, ZAR, GER, GIR** tienen los mismos cambios que en los mandatos de usted.

MARCAR   marque, marques, marque, marquemos,

	marquéis, marquen
PAGAR	pague, pagues, pague, paguemos, paguéis, paguen
ALZAR	alce, alces, alce, alcemos, alcéis, alcen
ESCOGER	escoja, escojas, escoja, escojamos, escojáis, escojan
DIRIGIR	dirija, dirijas, dirija, dirijamos, dirijáis, dirijan

III. Los verbos irregulares del presente de subjuntivo son los mismos verbos irregulares del mandato usted.

ESTAR	esté, estés, esté, estemos, estéis, estén
SER	sea, seas, sea, seamos, seáis, sean
IR	vaya, vayas, vaya, vayamos, vayáis, vayan
SABER	sepa, sepas, sepa, sepamos, sepáis, sepan
DAR	dé, des, dé, demos, deis, den

Ejercicios

I. Subraye los verbos que aparezcan en el presente de subjuntivo e identifique los verbos del indicativo.

1. Javier apenas alcanzó a llegar a tiempo.

2. El jefe me va a decir: "Venga más temprano, jovencito".

3. Disculpe, no lo hice a propósito.

4. Por última vez, te pido que no me trates mal.

5. Mi novia no quiere que estudiemos tanto.

6. Le aseguro que no es bueno que coma tanto.

7. El entrenador quiere que brinquen más alto.

8. No es necesario que llegue tan temprano Mario.

9. Le sugiero que vaya a ver al médico.

IV. El presente de subjuntivo se usa en una oración subordinada para expresar una acción presente o futura en relación a otra acción presente.

Acción Presente Oración Principal	Acción Presente o Futura Oración Subordinada
Dudo	que lo tengas
No creo	que llegues a tiempo
Me alegro	que puedas venir mañana
Le molesta	que leas en voz alta
Queremos	que empiecen eso ahora

NOTE que el subjuntivo se usa después de verbos que expresan duda (Dudo, No creo), emoción (Me alegro, Le molesta), y deseo o mandato implícito (Queremos). El subjuntivo complementa la duda emoción o exigencia expresada en el indicativo. Observe que las oraciones subordinadas son precedidas de "que".

A. El subjuntivo en oraciones subordinadas sustantivas.

El subjuntivo se usa en oraciones subordinadas sustantivas cuando el verbo de la oración principal expresa un estado emocional; un deseo, mandato o exigencia; o una duda.

Oración Principal	Oración Subordinada sustantiva
Duda: Dudo	que sepas la respuesta.

Emoción: Me da gusto que vayas a Europa.

Mandato: Les pido que me hagan caso.

OBSERVE que el sujeto de los dos verbos es distinto

dudo (yo)	sepas	(tú)
me da (a mí)	vayas	(tú)
les pido (yo)	hagan	(ustedes)

CUANDO el sujeto de ambos verbos es el mismo, no hay subjuntivo sino infinitivo.

Yo no quiero jugar.
Me da gusto ir a Europa.
Dudo saber la respuesta.

Después de ciertos verbos de voluntad como; permitir, ordenar, aconsejar, dejar, prohibir se puede usar el subjuntivo o el infinitivo.

>Me permiten hablar el lunes.
>Me permiten que hable el lunes.

OBSERVE que la oración subordinada subjuntiva se introduce con **QUE**.

B. El indicativo puede utilizarse como una alternativa al subjuntivo; pero el significado cambia.

>Me apena ver que sufras (el sufrimiento es hipotético)
>Me apena ver que sufres (el sufrimiento es real)
>
>Nos alegra que vengas (visita indeterminada)
>
>Nos alegra que vienes (visita determinada)

C. La duda expresada en una pregunta puede o no usar el subjuntivo dependiendo del sentido.

>¿Piensas que hace frío en México?
>
>¿Piensas que haga frío en México?
>
>En la primera pregunta se pide una opinión de alguien que se supone saber la respuesta. En la segunda se pide una especulación sobre el clima actual o futuro.

OBSERVE que el uso del subjuntivo refleja la actitud del hablante de la oración principal.

Ejercicios

I. Llene el espacio en blanco con la forma correcta del infinitivo entre paréntesis.

1. Quiero que tú me _____ (prestar) cinco dólares.

2. Necesito que ustedes me _____ (dar) más tiempo.

3. Te aconsejo que no _____ (ir) a la fiesta.

4. Me prohiben que _____(salir) contigo; por eso lo hago.

5. Dudo mucho que nos _____(aceptar) en esa escuela.

6. No creo que me _____(dejar) salir mañana.

7. Deseo que usted me _____(traer) más café.

8. El doctor le aconseja a Silvia que no _____(comer) tanto.

9. Les agrada que los muchachos _____(trabajar) duro.

10. Se nos pide que _____(hacer) un mejor trabajo.

II. Escriba una oración utilizando cada una de las siguientes formas verbales.

1. sepa   6. caigamos
2. vaya   7. leas
3. durmamos 8. conozcan
4. quepan   9. escoja
5. pidas   10. venga

III. Llene el espacio en blanco con la conjugación correcta del verbo en paréntesis.

Siempre que Juan _____(llegar) al restorán en la mañana pide que le _____(servir) café con leche. El mesero lo _____(mirar), le _____ (sonreír) y se _____(ir) a la cocina. A los pocos minutos, que a Juan le _____(parecer) una eternidad, regresa con la orden. _____(Observar) al cliente y le _____(servir). Después Juan ordena que le _____(traer) pan con mantequilla. Al cabo de dos horas y cinco tazas de café, nuestro amigo _____(pararse), _____(dar) los buenos días, y _____(marcharse).

B. El subjuntivo que se usa después de casos de negación, duda y mandato, aparece también en expresiones impersonales.

   I. El subjuntivo se usa después de expresiones impersonales que expresan una opinión o juicio valorativo.

   Es mejor que no vayas a la playa.
   Es raro que llueva este mes.

   OTRAS expresiones semejantes son: ES NECESARIO QUE, ES IMPOSIBLE QUE, ES DIFICIL QUE, ES NATURAL QUE, ES HALAGADOR QUE, ES MALO (BUENO) QUE, ES INTERESANTE QUE, etc.

   II. El subjuntivo se usa con expresiones impersonales que afirman la verdad o falsedad de un juicio desde el punto de vista del hablante, si dicha expresión está en forma negativa.

   No es seguro que Francisco venga.
   No es verdad que tengamos millones.

   OTRAS expresiones semejantes son: NO ES OBVIO QUE, NO ES EVIDENTE QUE, NO ES CIERTO QUE, etc.

   CUANDO estas expresiones aparecen en forma afirmativa, no se usa subjuntivo.

   Es cierto que Pedrito estudia mucho.
   Es evidente que ellos son ricos.

Ejercicios

   I. Llene el espacio con la forma correcta del presente de subjuntivo o indicativo del verbo en paréntesis.

   1. Es evidente que usted no _____(estudiar)

   2. Es reconfortante que ellos lo _____(saber)

   3. Es malo que ella _____(ir) allá

   4. Es obvio que él _____(trabajar) mucho.

5. No es cierto que nosotros _____ (pedir) ayuda.

6. Es interesante que ellos _____ (ir) todos los días.

7. No es necesario que usted _____ (preocuparse) tanto.

8. Es imposible que yo _____ (llegar) a tiempo.

9. No es bueno que tú _____ (trabajar) tanto.

10. Es seguro que _____ (llover) hoy.

II. Escriba una oración con cada una de las siguientes expresiones. Recuerde que la oración subordinada refleja la actitud del hablante. Por lo tanto, en algunos casos, puede o no usarse el subjuntivo.

1. Es importante que
2. No es verdad que
3. Es seguro que
4. Es raro que
5. Es probable que
6. Es lástima que
7. No es difícil que
8. Es halagador que
9. No es seguro que
10. Es obvio que

Expresiones Problemáticas con **L, LL** e **Y**

A. En gran parte del mundo hispánico la **LL** suena como **Y** causando problemas ortográficos.

Suenan igual: ya no y llano   ya ve y llave

Hay algunos homófonos que se deben saber:

malla (red)   haya (de haber)   rallar (desmenuzar en peda-
maya (civili-   halla (de hallar)   rayar (hacer rayas) citos)
zación india)

Reglas para el uso de la LL:

1. Se escriben con **LL** las palabras terminadas en ILLA e ILLO:

   ardilla   tortilla   villa   caudillo

2. Se escriben con **ll** los verbos terminados en LLIR y LLAR:

   zambullir, engullir, embotellar, desarrollar

Reglas para el uso de la Y:

1. La **Y** tiene sonido vocálico cuando va como conjunción.

   Los niños y niñas vinieron ayer.

2. Si una palabra con sonido de **I** termina en diptongo o triptongo, se escribe **Y**:

   mamey   buey   hoy   batey   Uruguay

3. Recuerde que los verbos terminados en **UIR** cambian la **I** por **Y** en el presente y pretérito:

   distribuyo, distribuyes, distribuye, distribuimos, distribuís, distribuyen

   distribuí, distribuiste, distribuyó, distribuimos, distribuisteis, distribuyeron

A. Palabras con **LL** e **Y**:

   Tanto la **LL** como la **Y** se usan al principio o en medio de una palabra:

   llama, lluvia, botella, estrella, patrulla, grillo yogur, yegua, haya, maya, peyote, ayuno

B. Algunas palabras que se escriben con **LL** en inglés pasan a **L** en español:

   alegoría   allegory   alergia   allergy
   alianza   alliance   celofán   cellophane

   OBSERVE que esta dificultad puede superarse si recordamos que la L y la LL suenan muy distinto en español:

   llego   lego   llave   lave   llama   lama

C. Frecuentemente el sonido **ILLO** e **ILLA** se confunde con el sonido **ío** e **ía**.

Se escribe	Se escucha (a veces)
tortilla	tortía
pasillo	pasío
chiquillo	chiquío
tornillo	tornío
carretilla	carretía

OBSERVE que los sonidos no son iguales.

Ejercicios

I. Llene el espacio con **I, Y, ILLA, ILLO, L** o **LL** según convenga.

1. pla___a
2. ___ema
3. ___ama
4. ___egua
5. quesad___
6. bata___a
7. ladri___o
8. contribu___o
9. rodi___a
10. tomat___
11. dó___ar
12. el ha___a floreció
13. cuchi___ada
14. zambu___ida
15. bu___icio
16. sustitu___o
17. el hombre ma___a
18. vo___
19. cepi___ar
20. tra___ecto
21. pro___ecto
22. ___odo
23. curs___
24. past___

II. Llene el espacio con la conjugación correcta del verbo en paréntesis.

1. José _____(construir) ese edificio el año pasado.

2. Hoy Santiago y yo _____(destruir) nuestro castillo de arena.

3. Ayer el pastor _____(imbuir) a Elda para que se quedara.

4. La Suprema Corte _____ lo (destituir) de su cargo.

LECTURA

Las fiestas navideñas en el mundo hispánico

Como es sabido, la Navidad es una fiesta religiosa celebrada universalmente en los hogares cristianos el 25 de diciembre de cada año. El intercambio de regalos, la cena familiar y la visita a la iglesia son tradicionales para la mayoría de los habitantes de Estados Unidos el día 25. Para los hispanos, sin embargo, la noche del 24 empiezan las festividades. Después de una opípara cena familiar, por lo general se asiste a una Misa de Gallo o "Midnight Mass". El intercambio de regalos puede celebrarse después de esta misa o a la mañana siguiente. En cuanto a los regalos, vale la pena recordar que en muchas partes del mundo hispánico, el intercambio ocurre el 6 de enero o Día de los Reyes y no el 25 de diciembre. La cena navideña varía según las costumbres de cada grupo hispano. Se puede servir el tradicional pavo o una pierna de puerco, o algún otro platillo típico como tamales o empanadas.

En algunos lugares las fiestas navideñas empiezan desde el 16 de diciembre. En México, por ejemplo, se celebran Las Posadas del 16 al 23 de diciembre. Aquí se recrean los problemas que tuvieron José y María en hallar posada el día del nacimiento de Cristo. También se rompen las tradicionales piñatas; se come, se bebe y se baila. Otro día festivo navideño es el día de los santos inocentes, el 28 de diciembre. En este día, equivalente al "April Fools Day" norteamericano, es costumbre engañar a la gente con una mentira y después desengañarla entre risas y bromas diciendo, "inocente que te has dejado engañar". La fiesta de fin de Año y el Día de Reyes ponen punto final a las fiestas navideñas.

Ejercicios

I. Escoja la palabra de la columna derecha que corresponda a su equivalente de la izquierda.

1. pavo   a. de todas maneras

2. costumbre   b. alberque

3. Día de Reyes   c. Día que se "permiten" las mentiras
4. puerco
                         ch. abundante
5. vale la pena
                         d. casa familiar
6. opípara
                         e. Día de dar y recibir regalos
7. empanadas

8. sin embargo   f. es conveniente

9. posada   g. tradición, hábito

10. hogar   h. vianda cubierta de masa cocida
11. piñata
                         i. cochino, lechón, marrano
12. Santos Inocentes

13. bromas   j. "olla" decorada llena de dulces

                         k. chistes, engaños con fin de burla

                         l. guajolote, guanajo.

II. Escriba una breve composición acerca de cómo piensa celebrar las próximas navidades. (150 palabras)

III. Describa usted una fiesta de Navidad memorable. (100 palabras)

CAPITULO XIV

El subjuntivo en las oraciones adjetivas

I. Cuando la oración subordinada funciona como adjetivo modificando a un sustantivo o pronombre y éste es desconocido al hablante, se usa el subjuntivo.

   | Oración Principal | Oración adjetiva subordinada |

   Necesitan una muchacha que tenga experiencia

   EN este caso el antecedente desconocido es "muchacha" y la oración que funciona como adjetivo es "que tenga experiencia".

   SIN EMBARGO, si el antecedente es conocido al hablante, se usa el indicativo.

   Necesitan a la muchacha que tiene experiencia

   Buscamos a una señorita que trabaja aquí.

II. Cuando el antecedente es inexistente, o se duda de su existencia, se usa el subjuntivo.

   En ese grupo no hay nadie que sepa cantar.

   Si se expresa con certeza la existencia del antecedente se usa el indicativo.

   En ese grupo hay alguien que sabe cantar

   Conozco a uno que siempre llega tarde

   PERO: No conozco a nadie que siempre llegue tarde.

Ejercicios

I. Llene el espacio con la forma correcta del indicativo o subjuntivo según convenga.

   1. Nunca he visto un oso que _____ (bailar) en una pata.

2. Quiero una muñeca que _____ (hablar) francés.

3. Prefieren entrevistar candidatos que _____ (saber) taquigrafía.

4. Busco un telégrafo que _____ (estar) cerca. (Ya sé cual)

5. No conozco a nadie que _____ (tocar) el himno nacional.

6. ¿No hay ningún restaurán que _____ (servir) mariscos?

7. ¿Es cierto que necesitas un perro que _____ (ladrar) fuerte?

8. Aquí hay una máquina que _____ (cortar) mosaico.

9. No hay aquí nada que te _____ (poder) ayudar.

10. ¿Tienes una llave que _____ (sacar) tuercas.

II. Reescriba las siguientes oraciones haciendo los cambios indicados en el ejemplo.

   Ejemplo: Busco un lugar que vende tamales tapatíos. (ya lo he visto)

   Busco un lugar que venda tamales tapatíos. (nunca lo he visto)

1. Necesitamos a la operadora que sabe español.

2. Queremos manejar por la carretera que es estrecha.

3. Quiero volar en el avión que es pequeño.

4. Pretendemos comer en el restaurán que vende menudo.

5. Busco a la empleada que me ayuda.

El Subjuntivo en las Oraciones Adverbiales

Las oraciones subordinadas que modifican a un verbo y se introducen por las siguientes conjunciones se usan en subjuntivo si se refieren a una acción futura y en indicativo si se refieren a una acción rutinaria o pasada.

Oración principal	Oración adjetiva
Comeré	cuando llegue Pedro (acción futura)
Como	cuando llega Pedro (acción rutinaria)
Comí	cuando llegó Pedro (acción pasada)

OTRAS conjunciones que aparecen con este uso del subjuntivo son: HASTA QUE, DESPUES (QUE), EN CUANTO, TAN PRONTO (COMO).

I. Por lo general se usa el subjuntivo si la expresión que precede a la oración subordinada es una de las siguientes: PARA QUE (SO THAT), SIN QUE, CON TAL QUE, A FIN QUE, A MENOS QUE, COMO SI.

>Vengo para que me ayudes.
>Entra sin que te vean.
>Voy con tal que vaya María.
>Lo hago a fin de que tú lo hagas también.
>Resuelve problemas como si fuera una computadora.

II. Si la expresión que precede a la oración subordinada es COMO, SEGUN, DONDE O AUNQUE y se ve como una certeza, se usará el indicativo.

>Pídelos como te gustan.
>Siempre trabajas según te dice el patrón.
>Pon la medicina donde te dice el boticario.
>Aunque llueve vamos a salir.

SIN EMBARGO, cuando el hablante quiere abarcar todas las posibilidades; cuando quiere indicar que el sujeto de la oración subordinada hará algo a cualquier costo, se usará el subjuntivo.

>Pídelos como te gusten.
>Siempre trabajas según te diga el patrón.

Pon la medicina donde te diga el boticario.
Aunque llueva vamos a salir.

IV. Cuando MIENTRAS y SIEMPRE QUE, son el equivalente a "as long as" o "provided", se usa el subjuntivo.

Voy a verla siempre que puedo.
No tendrá problemas siempre que pague a tiempo.

No pienso en ella mientras trabajo.
No saldré con él mientras trabaje aquí.

Ejercicios

I. Llene el espacio en blanco con la conjugación correcta del verbo en paréntesis.

1. Me acosté en cuanto me _____ (hacer) la digestión.

2. Terminaré el trabajo tan pronto como tú _____ (llegar).

3. ¿Piensas salir sin que ellos te _____ (ver)?

4. Te compré esta máquina para que _____ (practicar) más.

5. Vinieron aquí cuando lo _____ (saber).

6. Comeré después que yo _____ (jugar) con Pablo.

7. Te prometo que iré aunque no _____ (tener) dinero.

8. Mientras _____ (pagar) sus impuestos no tendrá problema.

9. Ustedes se quedan aquí hasta que yo _____ (saber) la verdad.

10. Siempre que _____ (venir) María, platicamos.

II. Escriba una oración utilizando correctamente cada una de las siguientes expresiones:

1. sin que
2. antes que
3. cuando
4. en cuanto
5. con tal que
6. para que
7. tan pronto como
8. a fin de que
9. después que
10. a menos que

Adjetivos Posesivos

I. Los adjetivos posesivos son:

```
mi (s)   mío (a) (s)        my
tu (s)   tuyo (a) (s)       your
su (s)   suyo (a) (s)       your, his, her, its
nuestro (a) (s)             our
vuestro (a) (s)             your (Spain)
su (s)   suyo (a) (s)       your, their
```

Ejemplos:

Ese saco es mío.
Ese es mi saco.

Préstame la camisa tuya.
Préstame tu camisa.

El perro tuyo ladra mucho.
Tu perro ladra mucho.

La abuelita nuestra vino ayer.
Nuestra abuelita vino ayer.

La abuelita suya vino ayer.
Su abuelita vino ayer.

OBSERVE que el adjetivo tiene la forma mío, tuyo cuando sigue al sustantivo. Cuando precede al sustantivo tiene la forma mi, tu.

Ejercicios

I. Llene el espacio con la forma correcta del adjetivo posesivo entre paréntesis.

1. _____(My) cortadora de pasto se quemó.

2. Le pedimos a _____(our) tía dos sillas nuevas.

3. _____(Your, Usted) hermana no sabe bailar bien.

4. Le trajimos _____(your) correco, señor Benítez.

5. Esas camisas son _____(mine).

6. Los perros _____(of yours, tú) mordieron a mi gato.

7. Estamos jugando con la pelota _____(of hers).

8. Compré los muebles _____(of mine) en esa tienda.

9. ¿Ya te regresaron _____(your) composiciones?

10. El equipo _____(yours, tú) perdió anoche.

II. Escriba una oración con cada una de las siguientes palabras.

1. nuestro

2. tuya

3. sus

4. mis

5. suyo

6. mías

7. tus

8. mía

9. nuestras

10. su

Los Pronombres Posesivos

I. Se llaman pronombres posesivos a los que indican a qué persona pertenecen los sustantivos que representan.

    Ahí vienen los caballos: el mío es

    azabache; el tuyo, pinto, y el suyo

    blanco.

II. Las formas del pronombre posesivos son las siguientes:

MINE	el mío, la mía, los míos, las mías
YOURS	el tuyo, la tuya, los tuyos, las tuyas
YOURS, HIS/HERS	el suyo, la suya, los suyos, las suyas
OURS	el nuestro, la nuestra, los nuestros, las nuestras
THEIRS	el suyo, la suya, los suyos, las suyas

Los pronombres posesivos concuerdan en número y en género con el sustantivo que reemplazan.

    Mis libros están allí
    Los míos están allí

    Llegó nuestra carta
    Llegó la nuestra

En caso de ambigüedad con los pronombres el suyo, la suya, etc., se utilizará una frase aclaratoria.

PARA aclarar: Los suyos llegaron ayer.
Se escribe: Los de María llegaron ayer.

Con el artículo neutro lo, el pronombre posesivo tiene el siguiente significado:

Lo mío no lo juego.
That which is mine I don't play.

El gobierno quiere lo nuestro.
The government wants that which is ours.

Ejercicios

I. Llene el espacio con la forma correcta del pronombre correspondiente a la frase entre paréntesis.

1. Aquél que está allá es _____ (mi libro).

2. Dicen que quieren inspeccionar _____ (nuestra casa).

3. _____ (tu casa) es más grande, pero _____ (mi casa) es más cómoda.

4. ¿Cuáles son _____ (tus lápices)?

5. Necesito que llames a _____ (tus parientes).

6. ¿Tú ya recibiste _____ (lo que te pertenece)?

7. Mi perro corrió mucho, pero _____ (tu perro) llegó primero

8. Para evitar problemas regrésale _____ (lo que le pertenece).

9. _____ (mi computadora) está descompuesta.

10. Mi escuela queda más lejos que _____ (tu escuela).

II. Escriba una oración con cada una de las siguientes palabras y expresiones.

1. el mío
2. nuestras
3. tus
4. las tuyas
5. lo nuestro
6. el suyo
7. mis
8. el nuestro
9. el suyo
10. sus

Expresiones Problemáticas con la M y la N

I. Aunque el sonido de la **M** y de **N** es claramente distinto en posición intervocálica, tiende a confundirse en el español hablado de ciertas partes.

    visitamos   visítanos

    traemos   tráenos

TENGA especial cuidado con las formas del imperfecto como:

    traíamos y veíamos

II. **Reglas para el uso de la M y de la N:**

A. Al lado de la P, B y N se escribe m.

    empacadora   sembrar   relámpago   inmolar

B. Antes de la D, F, M y V se escribe n.

   enfatizar   andando   envidia   enmascarar

C. La N es una de las tres consonantes que se pueden doblar en español. Otras consonantes que pueden doblarse por escrito son C y R.

   acción   sección   distracción   innecesario

   perenne   innato   carril   prerrequisito

Ejercicios

Llene el espacio con M o con N y escriba una oración con la palabra.

1. en___ohecer.
2. co___pás
3. en___oblecer
4. sole___ne
5. e___buste
6. tra___poso
7. co___fieso
8. e___vilecer
9. te___pestad
10. présta___os

III. Interferencias del inglés

   a) Algunas palabras que se escriben con **MM** en inglés, se escriben con **M** en español:

      comunidad   community

      comunicar   communicate

común	common
hamaca	hammock
amoniaco	ammonia
recomendar	recommend

OTRAS palabras semejantes son: comercio, coma, comentario, comité, comenzar, conmemorar, gramática, comentar, etc.

b) Una serie de palabras que empiezan con **IM** en inglés, se escriben con **IN** en español.

inmediato	immediate
inmigrante	immigrant
inmortal	immortal
inmenso	immense

OTRAS palabras semejantes son: inmaduro, inmune, inmensidad, inmoderado, inminente, inmunizar, etc.

c) Varias palabras que se escriben con **NN** en inglés, se escriben con **N** en español.

anales	annals
anexo	annex
anual	annual
anular	annul

OTRAS palabras semejantes son: conexión, anunciar, anotación, aniversario, aniquilar, Menonita, etc.

Ejercicios

Llene el espacio con M, NM, o N, según convenga.

1. co__unidad
2. i__adurez
3. co__emorar
4. co__isario
5. i__ediatamente
6. co__unismo
7. i__ensidad
8. co__ectar
9. a__otar
10. co__andante

LECTURA

          EDAD   : 81 años
          AFICION: LA LUCHA LIBRE

    Raúl Reyes, un luchador de 105 kilos de peso, recibió de lleno la embestida del rival, voló fuera del ring y aterrizó sobre el pie izquierdo de doña Virginia Aguilera viuda de Medina:
    —Disculpe usted, no lo hice a propósito— murmuró el aturdido Reyes.
    —No tengas cuidado. Te veías precioso volando por los aires— dijo la dama.
    La señora sólo perdió la compostura rato después, al observar que junto al pie golpeado se le formaba un charco de sangre. En los vestidores de la Arena Coliseo, una de las catedrales de la lucha libre en el D.F., le entablillaron el pie sin molestarse en quitarle media y zapato, y en la Cruz Verde la enyesaron con premura; tres días más tarde, un médico particular rompió el yeso, limpió la herida y de milagro salvó a la señora de la gangrena.

    No ha sido esa la única herida recibida en combate por doña Virginia, una vivaz octogenaria que desde hace más de 45 años asiste sin falta a los espectáculos de lucha libre en alguno de los principales escenarios dedicados a ese espectáculo en el D.F. En otra ocasión el diabólico Chino Chon, de 103 kilos de peso, cayó sentado en el regazo de doña Virginia. La butaca de la dama se partió en dos y a doña Virginia tuvieron que operarle las rodillas y extraerle decenas de astillas que se le incrustaron en muslos y asentaderas. Otra vez fue un efecto de carambola: un luchador se estrelló contra otro, éste rebotó y golpeó contra doña Virginia, con tan buena suerte que a la señora sólo se le astilló un brazo.

    Ahora la octogenaria tiene butacas reservadas a perpetuidad en las mejores ubicaciones de las tres principales arenas del D.F. (la **México**, la **Coliseo** y la **Revolución**), y las paga sin chistar aunque no las utilice, como ocurre cuando viaja al estado de México a ver luchas femeninas, que están prohibidas en la capital, o la provincia, en especial a su nativa Guadalajara. Primero para lograr un privilegio, y luego para conservarlo por décadas, doña Virginia ha tenido que batallar contra toda clase de influyentes, y ganarse con ruegos y simpatía la protección de los Luteroth, (por tres generaciones los zares de la lucha libre en el D.F.) y el apoyo del escritor Luis Spota, máxima autoridad de esta clase de deportes en la capital...

(Vanidades)

Ejercicios

I. Sustituya una palabra de la columna izquierda por la correspondiente a la de la derecha.

1.	silla	a.	vestidor
2.	guapo	b.	herida
3.	con prisa	c.	premura
4.	en las piernas	ch.	butaca
5.	hilera	d.	regazo
6.	tarima	e.	astillas
7.	empleo	f.	carambola
8.	partera	g.	fila
9.	el cuarto de vestir	h.	lona
		i.	apuesto
10.	importante	j.	influyente
11.	lesión	k.	oficio
12.	rebote	l.	lezna, herramienta con punta.
13.	punzón		
14.	alumbramiento	ll.	comadrona
		m.	parto

II. Encuentre qué palabra de la columna izquierda es el antónimo, el significado opuesto de la la columna derecha.

1. particular   a. fresco

2. diabólico   b. horrible

3. lograr   c. público

4. precioso   ch. divino

5. sudoroso   d. perder

III. Describa su deporte favorito o el fanatismo deportista de algún conocido(a). (100 palabras).

IV. ¿Cree usted que los deportes deban disfrutar de un presupuesto mayor que las clases académicas? ¿Por qué o por qué no? (150 palabras).

CAPITULO XV

El Imperfecto de Subjuntivo

I. El imperfecto de subjuntivo se forma tomando como base la tercera personal plural del pretérito y sustituyendo la terminación **RON** por **RA** o **SE** más las desinencias según el siguiente esquema.

Infinitivo	Pretérito	Imperfecto de Subj.	
TRAER	Trajeron	trajera	trajese
		trajeras	trajeses
		trajera	trajese
		trajéramos	trajésemos
		trajerais	trajeseis
		trajeran	trajesen
VENIR	vinieron	viniera	viniese
		vinieras	vinieses
		viniera	viniese
		viniéramos	viniésemos
		vinierais	vinieseis
		vinieran	viniesen

NOTA: La terminación **RA** es la que más se usa en Hispanoamérica y la que se verá aquí.

II. El imperfecto de subjuntivo se usa en oraciones subordinadas sustantivas, adjetivas y adverbiales que por las normas generales llevan subjuntivo. La diferencia está en la sequencia temporal.

Norma necesitaba que le pagaran.   Temí que vinieras.
Comerían en cuanto llegara José.
Vendrá para que le des el dinero.

OBSERVE que la acción principal puede ser anterior (necesitaba, temí), puede anticipar el futuro (Comerían), o puede ser futura (Vendrá).

III. Después de **COMO SI** se usa el imperfecto de subjuntivo.

Cantaban como si fueran ranas.
Se porta como si estuviera en su casa.

IV. Se usa para indicar cortesía con los verbos QUERER, PODER y DEBER como sustituto del condicional.

> ¿Quisiera usted venir mañana?
> ¿Me pudiera dar su dirección?
> Usted debiera preocuparse menos.

Ejercicios

I. Reescriba las siguientes oraciones cambiándolas al pasado.

> **Ejemplo:** Me alegro que maneje usted.
> Me alegraba que manejara usted. o
> Me alegré que manejara usted.

1. Espero que termine su lección.

2. Quiero que usted me preste más atención.

3. Le sugiero que se ponga a dieta.

4. No me gusta que usted me alce la voz.

5. Me temo que esto me ocasione acidez estomacal.

6. Estoy buscando una novia que me quiera más.

7. Aquí no hay nadie que toque el piano.

8. No creo que ese ruido sea la puerta.

9. Dice que los pases en limpio.

10. Trabajaré para que me paguen.

II. Llene el espacio con la conjugación correcta del verbo en paréntesis.

1. Te pido que no me _____ (pedir) más favores.

2. Mientras usted _____ (portarse) bien no tendrá dificultades.

3. Carlos corre como si _____ (ser) un galgo.

4. Te suplico que me _____ (prestar) un diccionario.

5. El policía me ordenó que _____ (tener) más cuidado.

6. Era extraordinario que nosotros _____ (brincar) la cerca.

7. Es imposible que tú me _____ (querer).

8. ¡Ay te pido ... que _____ (acabarse) **La bamba**!

9. No había nadie aquí que _____ (saber) sánscrito.

10. Los veré tan pronto _____ (poder).

III. Escriba una oración utilizando las siguientes formas.

1. llorara

2. hasta que

3. tradujera

4. como si

5. sufriera

6. a fin que

7. exigiera

8. calentara

9. pudiera

10. pidiera

Adverbios y Adjetivos de Comparación: Comparación
de Desigualdad

I. Las comparaciones que indican desigualdad se hacen a base de las construcciones MAS ... QUE y MENOS ... QUE. Se comparan nombres, adjetivos, y adverbios.

Hay más tazas que platos en esa vajilla.(nombres)
Irma es más bonita que inteligente. (adjetivos)
¿Hay alguien más bella que Cenicienta? (adjetivos)
Habla más rápidamente que Julio. (adverbios)

II. Cuando se compara un número o una cantidad se usa MAS DE y MENOS DE.

Carlitos no tendrá más de cinco años.
Tráeme más de una docena de huevos, no seas tacaño.

NOTA: Con los números, NO ... MAS QUE significa sólo.

No traigo más que tres dólares. Significa, "Sólo traigo tres dólares".
PERO: No traigo más de tres dólares. Significa, "Traigo tres dólares o menos".

III. Al comparar dos oraciones se usará DE + UN ARTICULO DEFINIDO + QUE según el siguiente esquema.

DE LOS(LAS) QUE COMPARA NOMBRES:
Tiene más zapatos de los que puede usar en un año.

DE LO QUE COMPARA ADJETIVOS O ADVERBIOS:
El invierno aquí es menos frío de lo que pensé.

DE LA QUE, DEL QUE COMPARA SUSTANTIVOS O ADJETIVOS:
Tendrás más dinero del que pensábamos.

IV. En las comparaciones se utilizan también MEJOR (better), PEOR (worse), MAYOR (older, larger), MENOR (younger, smaller).

En los cien metros Lidia es mejor que Lupe.
Este paquete es mayor que aquél.

V.   EL (LA) MEJOR, PEOR (the best, the worst).
     La mejor corredora ganó.

Ejercicios

I.   Llene el espacio con la forma correcta DEL QUE, DE LA QUE, DE LOS QUE, DE LAS QUE, DE LO QUE.

   1. Quieren más espacio _____ tienen.

   2. Hizo más llamadas _____ necesitaba hacer.

   3. Trabajó menos _____ se suponía.

   4. Tengo más años de _____ te imaginas.

   5. Nos da más tarea _____ podemos hacer.

II. Escriba una oración con cada una de las siguientes expresiones:

   1. mejor que   3. pero que   5. más que

   2. menos de   4. más de lo que

Más adverbios y adjetivos comparativos: Comparación de igualdad

Otras construcciones comparativas son: TAN...COMO, TANTO(A)...COMO, TANTOS(AS)...COMO.

   1. Algunos no estudian **tanto** como debieran (Se compara el verbo estudiar.)

   2. Mamá tiene **tantas** canas como papá. (Se compara el adjetivo canas.)

   3. Victor escribió **tantos** reportes como yo. (Se compara el nombre reportes.)

   4. Ana es **tan** veloz como Pedro. (Se compara el adjetivo veloz.)

OBSERVE que si lo que se compara es un verbo o un adjetivo, se usa **tan**. Si son dos verbos se usa **tanto**. Si son nombres, se usa **tanto** según su concordancia. Aun otra construcción es tanto...cuanto:
   Tantos libros lee cuantos poemas escribe.
   Cuanto más estudia tanto más aprende.

Ejercicios

I. Escriba una oración con cada una de las siguientes expresiones.

   1. tan...como
   2. tantas...como
   3. cuanto...tanto
   4. tanta...como

LECTURA

TELENOVELAS VENEZOLANAS SE IMPONEN EN LOS EUA

Todo comenzó cuando la telenovela venezolana "Leonela", de la escritora Delia Fiallo, hipnotizó a millones de televidentes hispanoamericanos de los Estados Unidos. Luego llegó la historia de la frágil y voluntariosa cieguita, "Topacio", que mantuvo también por meses a todo un pueblo, a determinada hora, dentro de sus hogares.

El éxito de estas dos novelas de la señora Fiallo impusieron récord de televidentes. Se considera que en el rating superó a series norteamericanas tan populares como "Dinastía" y "Dallas".

Los resultados son palpables. Se ven. Los canales de televisión latinos de los EUA, que mantenían en casi toda su programación historias hechas en México o Argentina, han puesto su ojos-- y su interés-- en la televisión venezolana.

En estos momentos, en una de las más importantes ciudades de EUA, Miami, donde su población en una enorme proporción es latinoamericana, se están televisando más de diez telenovelas y miniseries hechas en Venezuela. Este significativo hecho ha llevado a que los artistas que forman parte del reparto de las historias televisadas, se han convertido en verdaderos ídolos del público.

Las puertas de la popularidad se han abierto totalmente, logrando que los cantantes puedan vender sus grabaciones y que sean aplaudidos en diferentes centros nocturnos donde se presentan. Otra línea, también lucrativa, se le ha abierto a las estrellas de las telenovelas. Hacer anuncios comerciales para la televisión, radio, y presentarse en distintos comercios, respaldando con su popularidad, la ventas de esas empresas.

Carlos Olivier, el galán de "Leonela", es hoy un popular presentador de un programa de cine para la televisión, y es la imagen de un conocido centro médico, anunciado en la TV. Víctor Cámara, Grecia Colmenares, Cecilia Villarreal, Amalia Pérez Díaz, Carlos Mata, Gualberto Ibarreto, el grupo "Daiquirí", Guillermo Dávila, Rudy Márquez, son figuras venezolanas que gozan del aplauso del público de Miami.

Otra telenovela, "Amazonas", también venezolana y presentada como una "Dinastía" y una "Dallas" latinoamericana, con Eduardo Serrano e Hilda Carreño como protagonistas, va camino del triunfo logrado por sus antecesoras "Leonela" y "Topacio".

(Vanidades)

Ejercicios

I. Sustituya una palabra de la columna izquierda por la correspondiente a la de la derecha.

1.	televidentes	a)	palmotear
2.	voluntariosa	b)	aviso
3.	telenovela	c)	proteger, apoyar
4.	hogar	ch)	acción de vender
5.	éxito	d)	sostener, guardar
6.	"rating"	e)	dominar
7.	población	f)	aventajar, vencer
8.	hecho	g)	los que ven televisión
9.	reparto	h)	caprichosa
10.	grabación	i)	relato episódico
11.	aplaudir		

12. anuncio (comercial)   j) casa familiar

13. respaldar   k) triunfo

14. venta   l) popularidad

15. mantener   ll) gente

16. imponer   m) suceso (p.p. de hacer)

17. superar

n) colección, distribución

ñ) registro de sonidos en un disco

II. Escriba una respuesta a las siguientes preguntas.

1. ¿A qué se debe el crecimiento en la popularidad de telenovelas venezolanas?

2. ¿Cómo se han beneficiado los cantantes y las estrellas?

III. Si tuviera el poder de cambiar algo, qué pro-programas de televisión cambiaría o modificaría usted y por qué? (150-200 palabras)

REPASO CAPITULOS XIII, XIV, XV

I. Llene el espacio con la forma correcta del infinitivo en paréntesis.

1. Le aseguro que es importante que usted _____ (llegar) temprano.

2. Mucho me temía que no _____ (poder) cumplir esa promesa.

3. Le inquieta que tú _____ (venir) tan tarde.

4. Dudábamos mucho que ella _____ (ser) millonaria.

5. Es halagador que ustedes me _____ (mandar) flores.

6. No era cierto que yo _____ (dudar) de ti.

7. Comimos en cuanto _____ (llegar) la pizza.

8. Nunca he visto a una cigüeña _____ (traer) un niño.

9. Necesitaba a alguien que _____ (saber) danés.

10. ¿No había teatros que _____ (ofrecer) función tarde?

II. Escriba una oración con cada una de las siguientes expresiones.

1. a menos que

2. mientras

3. aunque

4. para que

5. antes que

6. en cuanto

7. Busco a alguien...

8. como si

9. cuando

10. Es preciso que...

III. Llene el espacio con L, Ll, o Y según convenga.

1. embote__o
2. desarro__aste
3. para__e__o
4. a__ergia
5. El constru__ó

6. a __egoría
7. zambu__es
8. contro__able
9. destru__es
10. pro__ector

IV. Llene el espacio con el equivalente de la expresión entre paréntesis.

1. Nos ofrecieron una cena _____(our) tías.

2. Sólo te puedo ofrecer _____(that which is mine).

3. Creo que te gustará leer _____(my) versos.

4. Esta casa es _____(hers).

5. Mi mamá es más enérgica que _____(yours).

6. Aquí está tu libro. _____(mine) no lo encuentro.

7. Ven aquí _____(immediately).

8. Isela quiere _____(as many dolls as) que hay en la tienda.

9. Aunque no lo creas, yo soy _____(as in-

telligent as) tú.

10. Patricia es _____ (taller) than I.

11. Mi ingreso _____ (annual) es limitado.

12. Te prometo que estudiaré _____ (as much as ...) sea necesario.

V. Complete las siguientes oraciones.

1. Espero que ...

2. Es imprescindible que ...

3. Iré tan pronto como ...

4. No creo que yo ...

5. Me prohibieron que ...

CAPITULO XVI

Los Tiempos Compuestos del Subjuntivo

El presente perfecto de subjuntivo

El presente perfecto de subjuntivo se forma con el presente de subjuntivo del verbo **HABER** y el participio pasado.

PONER: haya puesto, hayas ..., haya ...,
hayamos..., hayáis..., hayan....

El presente perfecto de subjuntivo se usa en los mismos casos que el presente de subjuntivo pero para expresar una acción acabada antes de la acción de la oración principal.

Oración Principal	Oración subordinada anterior a la principal
Me dará mucho gusto	que lo haya terminado
No creo	que haya visitado Pepe a Manuel.
Me da gusto	que hayas estudiado tanto.
Será excelente	que hayan hecho eso.

Ejercicios

I. Llene el espacio con la forma correcta del presente perfecto de subjuntivo.

1. No es bueno que te _____(acostar) tan tarde.

2. No sabré que _____(decidir) el comité hasta el lunes.

3. Buscan a alguien que_____(ver) el accidente.

4. Es raro que_____(hacer) tanto calor hoy.

5. No creo que Juanita_____(pasar) ese examen.

6. Dudo que tú _____ (escribir) esa carta.

7. El no creerá que lo _____ (devolver) nosotros.

8. Me alegrará que ella _____ (consultar) el diccionario.

9. Es dudoso que _____ (llover) la semana pasada.

10. Espero que para las ocho tú _____ (cenar).

Pluscuamperfecto de Subjuntivo

El pluscuamperfecto de subjuntivo se forma con el imperfecto de subjuntivo de **HABER** y el participio pasado del verbo principal.

ROMPER: hubiera roto, hubieras ..., hubiera ..., hubiéramos ..., hubierais..., hubieran ....

A. El pluscuamperfecto de subjuntivo expresa una acción pasada realizada antes de otra acción pasada.

No me imaginaba que hubieras salido tan temprano.
OBSERVE que debe haber un pasado en la oración princip

B. Después de **COMO SI** se usa el pluscuamperfecto o el imperfecto de subjuntivo.

C. Se usa como sustituto o equivalente de **DEBER DE HABER + Participio pasado** en oraciones principales.

Hubieras traído más pan. (Debiste de haber traído ...)

Lo hubieras pensado antes. (Lo debiste de ...)

Ejercicios

I. Llene el espacio con la forma correcta del presente perfecto de subjuntivo o del pluscuamperfecto de subjuntivo según convenga. En el caso de poder usar ambos, explique su diferencia.

1. Me dio gusto que tú _____(sacar) una A.

2. Es imposible que ellos _____(alcanzar) ese tren.

3. (Tú) _____(comprar) más azucar.

4. Se porta como si _____(ser) reina.

5. ¿Te sorprendió que yo no _____(acabar)?

6. Necesitábamos un piloto que _____(estar) en esa región.

7. ¿Te alegras que yo me _____(caer)?

8. Aunque lo vea, no creeré que ellos _____ (ganar).

9. Se irá sin que nosotros la _____(ver).

10. Ella quería que yo _____(ir) al baile.

II. Escriba una oración con cada una de las siguientes expresiones.

1. hubiera exigido

2. haya salido

3. hubiéramos comido

4. haya sido

5. hubiera dejado

SER y ESTAR

El verbo inglés **"to be"** tiene dos equivalentes en español **SER** y **ESTAR**.

Una de las diferencias básicas entre estos dos verbos es su uso con adjetivos.

1. La sopa de ese restaurán es buena.
   The soup at that restaurant is good.

   La sopa está buena hoy.
   The soup is good today.

2. Petra es floja. (perezosa)
   Petra is lazy.

   María está muy floja desde que tiene novio.
   María is (appears to be) lazy since ...

3. ¿Cómo eres?
   What are you like?

   ¿Cómo estás?
   How are you?

4. El político es rico.
   The politician is rich.

   Está rico porque ganó la lotería.
   He is rich because he won the lottery.

OBSERVE que se usa **SER** para expresar una cualidad o condición que es esencial al sujeto. Esta condición distingue al sujeto de todos los demás.

1. es buena
2. es floja
3. ¿eres tú?
4. es rico

Se usa **ESTAR** para indicar que el sujeto ha sufrido o puede haber sufrido un cambio.

1. está buena (hoy)
2. está floja (desde que)
3. ¿estás? (hoy;¿qué cambio hay?)
4. está rico (ha cambiado su situación)

En estos casos el sujeto ha adquirido recientemente la característica indicada.

En algunos casos el uso de **ser** o **estar** modifica el significado del adjetivo.

Nicolás es listo.	Nicolás está listo.
Nicolás is smart.	Nicolás is ready.
El profesor es aburrido	El profesor está aburrido.
The professor is boring.	The professor is bored.
Los pepinos son verdes	Los pepinos están verdes.
The cucumbers are green	The cucumbers are not ripe.
Tiburcio es vivo	José está vivo.
Tiburcio is smart.	José is alive.
Este cuarto está fresco.	Este cuarto es fresco.
This room is cool.	This room is (usually) fresh.

Joaquín es un fresco.
Joaquín is bold (brazen)

Ejercicios:

I. Escriba una oración utilizando correctamente cada una de las siguientes expresiones. El significado debe quedar claro.

1. está inservible
2. es buena
3. estaría amable
4. estaban listos
5. haya sido
6. hubiéramos estado
7. habría estado
8. estarán verdes
9. será aburrido
10. es un fresco.

B. **Otros usos de ser**

1. Para unir el sujeto y un sustantivo o pronombre y dos infinitivos.

   Cantar es vivir un poco.   La culpable es ella.
   El papá de Jorge es abogado.

   OBSERVE que este uso también incluye la posición de **ser** antes de una preposición: Esto es para ti.

2. Para indicar posesión.

   El perro del vecino es ése.
   El dinero es de Olga.

3. Para indicar de qué está hecha una cosa.

   La camisa es de seda.   La cama es de madera.

4. Para indicar el origen de una persona o cosa.

   El vodka que me gusta es de Rusia.
   Tú eres de California y yo soy de Tejas.

5. Para expresar la hora del día.

   Son las tres y todavía no sabemos nada de él.
   Era la una y media cuando llegó el tío Manuel.

6. Para expresar el sitio o el tiempo en que toma lugar un evento.

   La fiesta es a la tarde.
   La reunión es en casa de Ana.

C. Otros usos de ESTAR

   1. Para indicar la posición o localidad de algo o alguien:

      Mis zapatos están en el ropero.
      Tu esposa está en mi casa platicando con la mía.
      El paciente está bocabajo.

   2. Con ciertas expresiones como:

      ESTAR DE   venta, buenas(malas), buen(mal) humor, vacaciones, regreso(vuelta) acuerdo, pie, bruces(bocabajo), rodillas, espalda(s), oficio o profesión en general, (actuar como ...), viaje, más (sobrar) luto (duelo por alguna muerte), fiesta.

      ESTAR A   oscuras(ignorar), al caer (a punto de suceder), sus órdenes, 22 de enero (¿a qué fecha estamos?), cien pesos el kilo.

ESTAR EN   vísperas (corto tiempo antes), eso (quedar en eso), todo (atenderlo todo sin problema), (en) cinta (embarazada), mí, ti (tengo, tienes el poder de actuar), cuclillas (sentado sobre los talones).

3. Con POR y PARA:

   Está para salir. (Está próximo a salir; se dispone a ...´
   Está para presidente. (Está nominado o listo para ser ...)
   Estaba por comprar ese coche. (Estaba casi determinado a comprar ...)
   La verdadera revolución está por hacer. (La verdadera revolución no está hecha aún)

   RECUERDE que **ser para** tiene un significado distinto:

   Estas flores son para ella.

4. Con el GERUNDIO para formar el tiempo progresivo:

   El **estaba leyendo** y nosotros **estábamos viendo** llover.

Ejercicios

I. Llene el espacio con la conjugación correcta del tiempo apropiado de SER o ESTAR.

   1. Me voy. Yo _____ de más en esta casa.

   2. Dime si tú _____ una mujer bella.

   3. ¿Ayer tú _____ pensando en mí?

   4. El caballo de Rafael _____ negro azabache.

   5. El auto patinó porque el pavimento _____ mojado.

   6. Según el mapa, Boca Ratón _____ en la Florida.

   7. ¿_____ usted seguro que dos más dos _____ cuatro?

   8. ¿Dices que este _____ el perfume más costoso?

9. El hombre dijo: "¿Qué _____ eso?"

10. Después del partido, el equipo ganador _____ alegre.

11. No me podré comer esas manzanas porque _____ verdes.

12. Me canso al _____ de pie por mucho tiempo.

13. No creía que Norma _____ tan difícil.

14. Aunque yo no _____ de vacaciones, _____ de viaje.

15. ¡Qué bueno que Carlos _____ tan listo!

16. Toda la gente salió temprano del partido, ¿Cuál _____ el marcador?

17. Me habían dicho que el regalo ya _____ envuelto.

18. El césped todavía _____ por cortarse.

19. ¿A cuántos _____? _____ a cuatro de julio.

20. Hace doce años que Yul Brynner y Telly Savalas ya _____ calvos.

II. Escriba una oración utilizando correctamente cada una de las siguientes expresiones.

1. es a la tarde

2. está de maestra

3. es de poliéster

4. sería la una

5. estaría de cuclillas

6. haya estado de

7. hubieran sido para

8. esté triste

9. estaba para

10. será para

Ser y Estar con el Participio Pasado (Pasivo)

1. Se usa **ESTAR** con el participio pasado para indicar el resultado de una acción:

    La puerta está abierta. (El estado de la puerta es el resultado de la acción de abrirla; ha sido abierta.)

    Las luces estaban apagadas cuando entramos al salón. (El estado de las luces es el resultado de la acción de apagarlas; habían sido apagadas.)

    La calefacción estaría encendida a las ocho. (Alguien la encendería antes de ese tiempo; probablemente había sido encendida.)

2. Se usa **SER** con el participio pasado para formar la voz pasiva indicando que la acción tiene lugar en el momento en que se habla.

    El globo es observado por la niña.

    La voz pasiva se verá más adelante en las páginas 263-65.

    OTROS usos de esta forma verbal son:

    La puerta fue abierta casi al llegar nosotros.

    Las luces fueron prendidas cuando llegué.

    Las luces serían encendidas cuando entráramos.

    Esa cuenta será pagada cuando queramos.

    OBSERVE que en estas oraciones la acción abrir, prender, encender y pagar ocurre o ocurrirá al mismo tiempo que la otra acción.

Ejercicios:

I. Llene el espacio con la forma correcta de SER o ESTAR.

1. Hace frío y el cielo _____ nublado.

2. Cuando llegué, vi que la casa de Olga _____ rodeada de rosales.

3. Señores, pasen al comedor, la cena _____ servida.

4. Vimos cuando el fugitivo _____ rodeado por la policía.

5. Al llegar el coche ya _____ lavado.

6. Eran las doce del día. Hacía un calor insoportable y la ropa _____ tendida al sol.

7. La antorcha olímpica _____ traída de Atenas el próximo mes.

8. **Cien años de soledad** _____ publicada en 1967.

9. Al regresar notamos que las niñas _____ dormidas.

10. Son las dos. Para las seis, la mesa ya _____ puesta.

Sustitutos de Ser y Estar

Los verbos **SER** y **ESTAR** se usan con tanta frecuencia que es bueno recordar que hay otros verbos que funcionan como sustitutos de ellos.

1. Pablo está jugando. Pablo se encuentra jugando.

		Pablo se halla jugando. Pablo juega.
2.	Ese es mi lápiz.	Ese lápiz me pertenece.
3.	¿Qué hora es?	¿Qué hora tiene?
4.	La sopa está buena.	La sopa sabe bien.
5.	La casa está pintada.	La casa se pintó. La casa se halla pintada. La casa se encuentra pintada.
6.	Raúl es médico veterinario.	Raúl se recibió de ... Raúl se graduó de ... Raúl terminó sus estudios de ...
7.	Juan es listo. (vivo, sagaz)	Juan tiene viveza. (sagacidad)

Ejercicios

I. Reescriba las siguientes oraciones sustituyendo los verbos SER y ESTAR cada vez que aparezcan.

1. Las puertas están abiertas.

2. José está enfermo.

3. Estarían en casa de Angel.

4. La joven escritora estaba de viaje.

5. La mesa fue servida a las nueve en punto.

6. Dudo mucho que ella esté trabajando en un día como éste.

7. Alejandro está en México desde hace un mes.

8. Antonieta es instructora de esquí acuático.

9. Como no había sillas, la gente estaba en cu-

clillas.

10. Es un maestro exitoso. Está en todo.

Expresiones problemáticas con R y RR

1. La **R** tiene un sonido áspero o fuerte en posición inicial:

    Ricardo   religión   raqueta   redondo

2. Tiene el mismo sonido fuerte después de la N, L, S y (B):

    Enrique   Israel   alrededor   subrayar

3. Cuando la **R** aparece entre dos vocales tiene un sonido débil. Hay que doblarla para que suene áspera:

    para   parra
    pero   perro
    encerar   encerrar

4. De la misma manera hay que doblar la **R** en palabras compuestas para que mantenga el sonido inicial:

    rector   Vicerrector
    requisito   prerrequisito
    ropa   guardarropa

Ejercicios

Llene el espacio con R o con RR y escriba una oración con cada palabra.

1. a___ollo
2. co___upción
3. en ___aízado
4. son___isa
5. co___equisito
6. caje___o
7. puerto___iqueño
8. ence___ar un piso
9. Vi___ey
10. ocu___e

254

LECTURA

DIARIO DE UNA VICTIMA DE ROBO DE AUTO

Cada día son robados en el D.F. y alrededores un promedio de 100 automóviles, o sea 3,000 al mes. De esos vehículos, sólo uno de cada 3 son alguna vez recuperados, y obtener la devolución de tales autos suele costar tiempo, dinero y exasperación. A Mauro Rodríguez, un vecino de Echegaray, Méx., le tocó este año vivir esa experiencia: lo que sigue es una síntesis del diario que elaboró durante la odisea.

Día 1: Hoy a las 10 de la mañana, a la puerta de mi casa, Martín, un empleado, arreglaba un detalle del auto familiar cuando se le acercaron 2 empistolados: —Si te mueves, te mueres —le dijeron antes de arrebatarle el vehículo. Nuestro fraccionamiento está rodeado de casetas de policía pero los ladrones no tuvieron problemas para huir, a pesar de que su camino pasa frente a uno de los puestos de vigilancia.

Pocos minutos más tarde llegué a la casa, me explicaron lo sucedido y con Martín fuimos a formular la denuncia a la caseta policial más cercana. De allí mismo me comuniqué con la compañía de seguros. El resto del día se fue en formalizar denuncias, narrar los hechos una y otra vez y describir y volver a describir los detalles.

Día 2: Tuvimos una nueva reunión con el ajustador de la compañía de seguros. Después de repasar otra vez los detalles del robo, nos anunció que debemos obtener un oficio o "carta de colaboración" de la policía judicial de Naucalpan, documento donde deben constar los datos de nuestra denuncia del robo.

Día 3: Mi esposa, que figura como propietaria del auto robado, fue por la "carta de colaboración".

Día 4: Mi esposa perdió todo el día tratando infructuosamente de conseguir una copia del acta de denuncia del robo elaborada por el Ministerio Público, documento que también nos es demandado por la compañía de seguros.

Día 5: Mi esposa consiguió la copia del acta: sólo tuvo que pagar 3,000 pesos.

Día 6: Llamó el comandante de la judicial de Naucalpan: ¡Detuvieron a los ladrones y recuperaron el coche! Martín debe ir a identificar a los hampones. Pero el ajustador de la compañía de seguros nos previene: aunque los reconozca, debe decir que nunca los ha visto, para evitarse graves problemas.

Día 7: Efectivamente, eran los ladrones. Martín no tiene dudas. Pero, siguiendo el consejo del ajustador de la compañía de seguros, negó reconocerlos. Los judiciales quedaron muy conformes y, a continuación, le mostraron a Martín nuestro coche, que al parecer está intacto. Hoy mismo nos llamaron del Ministerio Público: mi mujer debe ir mañana con todos los documentos que acreditan la propiedad del vehículo, y ya.

Día 8: Llevamos todos los papeles del coche y esperábamos recibir las llaves, pero un licenciado nos dijo: —Muy bien: sólo que el coche ya no está aquí, sino en el reclusorio de Barrientos. Tienen que ir mañana por el vehículo.

Día 9: Mi mujer y una amiga, abogada, que la acompañó, invirtieron medio día en localizar el expediente de nuestro caso y presentar los documentos ante el juez que entiende de la causa contra los ladrones. Pero no consiguieron la devolución del auto: el vehículo, les explicaron, es parte del "cuerpo del delito" y hace falta como prueba para poder condenar a los ladrones. Dentro de una ó 2 semanas, tal vez... Yo me resigné y hoy renté un auto, indispensable para mi trabajo, aunque no sé cómo podré pagarlo.

Día 10: (Dos semanas más tarde) ¡Los reos ya están convictos! ¡Mañana mismo nos devolverán el coche, la prueba que los hundió!

Día 11: Casi, casi nos entregan el coche, pero en el último minuto descubrieron que faltaba un oficio del Ministerio Público con la debida autorización para recoger el vehículo. ¿Dónde elaborar tal documento? Muy fácil: ahí nomás, enfrente, en un escritorio público donde ya saben cómo hacerlo. Cobraron sólo 500 pesos (sin recibo) pero entregaron únicamente 2 copias, y eran necesarias 3. La tercera copia hubo que sacarla en la tienda de junto, que sólo cobró 100 pesos, sin recibo. ¡Mañana nos entregarán el auto!

Día 12: Estuvimos allí a las 11 y antes de las

2 de la tarde, todo un récord, ya estaba listo el machote con la descripción del vehículo. Sólo faltaba fotocopiarlo, en la tienda de ahí enfrente, y entregarlo, para recibir a cambio un escrito, dirigido al C. Delegado de Tránsito de Naucalpan y en el cual se solicita oficialmente la devolución del vehículo.

Día 13: Mi mujer y Martín llegaron temprano a la Delegación de Naucalpan pero el auto no estaba allí. En cambio los mandaron a una dirección en el otro confín del municipio. Cuando al fin hallaron el lugar descubrieron que no era una dependencia oficial sino un negocio de grúas, particular. Allí los conminaron a pagar 24,800 pesos por uso de grúa y estacionamiento. Como no llevaban dinero, tuvieron que regresar sin el coche.

Día 14: Hoy fuimos con el dinero. Pagamos y nos dijeron que ahora sí podíamos retirar el auto. Pero ya no estaba ahí, sino en un estacionamiento. ¿Dónde? En tal dirección; a sólo 30 o 40 kilómetros de distancia.

Nos tomó medio día hallar el "estacionamiento" (más parecía un tiradero de basura) pero al fin llegamos. Ahí estaba el auto, pero no pudimos traerlo, porque no arrancó: tiene una batería inservible en reemplazo de la nueva que yo le había colocado una semana antes del robo; las vestiduras, también nuevas, están arruinadas porque la lluvia se le metió durante 20 días por las ventanillas, que a nadie se le ocurrió cerrar. Le faltan los espejos, molduras y adornos; le falta la llanta de refacción y la herramienta; y tiene rines herrumbrados y chuecos en vez de los flamantes, de magnesio, que yo le había colocado.

Día 15: Hoy volví con una batería nueva pero tampoco logré hacerlo arrancar. Mañana iré con un mecánico.

Día 16: Hoy fui con el mecánico. Con una grúa nos llevamos el auto. Ya es mío, pero no funciona. El mecánico me pasará un presupuesto.... Mientras tanto, sigo con mi coche rentado, y sigo sin saber cómo lo pagaré. En fin: mañana presentaré a la compañía de seguros todos los comprobantes de gastos ocasionados por el robo, así como el presupuesto del mecánico; seguramente me cubrirán buena parte de lo gastado, ya que mi seguro era de la más amplia cobertura.

Día 17: La compañía de seguros no pagará nada.

Explicaron que el auto no me fue robado sino que fuí víctima de un asalto, eventualidad no prevista en la póliza. Decidí vender el coche al mecánico, quien me ofreció la mitad de lo que vale.

(Contenido)

Ejercicios

I. Escoja la palabra de la columna izquierda que corresponda a la de la derecha.

1.	Alrededores	a.	prisionero
2.	soler	b.	empezar un auto
3.	te tocó	c.	proscrito (al margen de la ley)
4.	empleado		
5.	empistolado	ch.	vecindario
		d.	oficiales federales
6.	arrebatar		
		e.	quitar
7.	fraccionamiento		
		f.	que lleva pistola
8.	repasar		
		g.	documento legal
9.	datos		
		h.	estacionamiento para autos recogidos por la policía
10.	infructuosa- mente		
11.	hampón	i.	repuesto de llanta
12.	prevenir	j.	sumergir
13.	judiciales	k.	círculo de metal para llanta
14.	reclusorio (corralón)	l.	hacer algo a menudo
15.	localizar	ll.	hechos
16.	reo	m.	encontrar, hallar
17.	hundir	n.	cercanías

18.	oficio	ñ.	fue su suerte
19.	machote	o.	sin éxito
20.	confín	p.	trabajador
21.	grúa	q.	contrato de seguro
22.	conminar	r.	evitar
23.	arrancar un auto	s.	estimación del costo de proyecto
24.	llanta de refacción	t.	no derecho, ilegal
25.	rin(es)	u.	máquina que levanta y transporta pesos
26.	presupuesto	v.	horizonte, límite
27.	póliza	w.	borrador (muy hombre)
28.	chueco	x.	volver a estudiar algo
		y.	amenazar

II. Escriba una respuesta a la siguiente pregunta. (100 palabras)

¿Cree usted que una víctima de robo de auto pueda pasar estos problemas en nuestro país? ¿Por qué o por qué no?

III. Escriba una narración sobre algún robo que haya sufrido usted o algún conocido y los pasos que tuvo que seguir para recuperar lo perdido o para reportarlo. (150 palabras)

CAPITULO XVII

Oraciones Condicionales

I. Las oraciones condicionales consisten de una oración principal y una subordinada. La principal expresa el resultado de la condición, mientras que lo condicional manifiesta la condición.

       Condición   Resultado
Si Rosa quiere, vamos al parque.
Si Rosa quiere, iremos al parque.

La secuencia de tiempos en este tipo de oraciones es la siguiente:

   Oración Subordinada   Oración Principal
1. Indicativo   Indicativo o Imperativo
   (Excepto Futuro)
         llueve   salgo
         llovía   salía
  Si   llovió   No salió
         llovería   saldría
         ha llovido   salgas
         había llovido

2. Imperfecto de Subj.   Condicional Simple.

   Si lloviera(se)   No saldría

3. Pluscuamperfecto de   Condicional compuesto
   Subjuntivo.   o Pluscuamperfecto de
                           Subjuntivo.

   Si hubiera(se) llovido No habría salido
                              No hubiera(se) salido

II. Si la condición sugiere o especula sobre el resultado de ella, si es posible pero menos probable o problemática la realización de la condición, se usará el imperfecto o pluscuamperfecto de subjuntivo.

   Si nos preparáramos más, haríamos mejor papel.
   Si hubieras visto esa película, no habrías
      podido dormir.

Recuerde que el condicional puede ser usado en otros contextos.

   El jugador dijo que vendría temprano.

RECUERDE también que el condicional se usa para efectuar ruegos y hacer peticiones de cortesía.

¿Podría usted ...?

Ejercicios

I. Llene el espacio con la forma correcta del verbo en paréntesis.

1. Si nadamos hoy, nos _____ (sentir) mejor.

2. Nos haríamos paletas, si _____ (hacer) más frío.

3. Correría más, si _____ (tener) el tiempo.

4. Si esa madera _____ (estar) seca, no pesaría tanto.

5. Llegaremos a las ocho, si yo _____ (manejar).

6. Si fue a la playa, no me _____ (avisar).

7. Me casaría contigo si me _____ (dar) un pozo petrolero.

8. Avísame si ellos no _____ (poder) ir.

9. Te aseguro que si tú _____ (traer) tus discos, nos _____ (divertir).

10. Nos habríamos hecho famosos, si _____ (traducir) ese libro.

II. Escriba una oración utilizando cada una de las siguientes expresiones.

1. si hubiera subido

2. si puedo dormir

3. te acostarías

4. nos habríamos encontrado

5. si me prestaras

6. irías a la luna si

7. traería

8. si me sintiera mejor

9. si no satisficieras los requisitos

10. si hubiéramos puesto

La Voz Pasiva

I. El verbo está en voz pasiva cuando su sujeto recibe o padece la acción del verbo.

Voz activa	Voz pasiva
Mi gato caza ratones.	Los ratones son cazados por mi gato.
El policía multa al chofer.	El chofer es multado por el policía.

NOTA: La construcción SER + PARTICIPIO PASIVO + POR se usa poco en el español moderno coloquial.

II. Voz pasiva refleja.

Cuando el sujeto es un sustantivo se admite la siguiente construcción:

Se implementaron las leyes de tránsito.
Se leyó la orden ayer.

OBSERVE que el verbo que sigue a SE está en la tercera persona singular (leyó) y plural (implementaron).

Se llama **PASIVA REFLEJA** porque el pronombre le da al verbo apariencia de pronominal reflexivo. Pero este SE no es aquí reflexivo sino un simple signo de voz pasiva.

III. Voz pasiva impersonal.

Cuando en la construcción pasiva con SE no se expresa el agente de la acción, tenemos las siguientes construcciones:

Voz Pasiva Impersonal	Voz Activa
Se busca el amor	Buscan el amor.
Se necesitaban secretarias	Necesitaban secretarias
Se venderá ese coche	Venderán este coche

NOTE que en la voz pasiva no hay agente expreso.

El verbo debe concordar en número y persona con el sujeto gramatical: amor, secretarias, coche.

Si el verbo no va seguido de ningún sustantivo, va siempre en la tercera persona singular.

    Se vive bien en la Argentina.
    Se come bien aquí.
    Se sirve de dos a cuatro.

NOTA: No todos los verbos admiten la voz pasiva. Solamente aquellos que acepten complemento directo. (Verbos transitivos)

IV. Otros casos de la construcción pasiva.

La construcción con SE + PRONOMBRE sirve para indicar que el hablante no asume responsabilidad directa por la acción expresada.

Se paró el coche.	Se me paró el coche.
Se perdieron las llaves.	Se le perdieron las llaves.
Se cayó el niño.	Se nos cayó el niño.
Se rompieron los lentes.	Se te rompieron los lentes.
Se descompuso la lavadora.	Se nos descompuso la lavadora.

OBSERVE que aunque en ambos casos la acción le afecta a alguien, la responsabilidad se elude.

Los verbos pronominales son iguales en forma pero su uso y significado son muy diferentes.

    Anoche se durmieron temprano.

    Siempre me desayuno y me visto rápido.

    Patricia se quitó el sombrero.

OBSERVE que aquí el sujeto y el objeto (quien recibe la acción) son el mismo y el sujeto se expresa claramente. (Ver verbos reflexivos.)

Ejercicios

I. Escriba una oración utilizando correctamente cada una de las siguientes expresiones.

1. se me murió
2. se duerme
3. se queman
4. se venden
5. se cura
6. se cumplen
7. Eres odiada
8. se bebe bien
9. se olvidaron
10. se nos trajo

Preposiciones

I. Quizá uno de los problemas más recurrentes en cuanto a las preposiciones sea el de su traducción directa.

llegar a	to arrive at
viajar por	to travel in, by way of, around
comer en	to eat at
soñar con	to dream with
pensar en	to think (about)
en la fiesta	at the party
en ese momento	at that moment

OBSERVE que en varios casos no se pueden traducir directamente: estar enamorado **de** - to be in love **with**.

Algunos verbos que en inglés van seguidos de una preposición tienen como equivalente en español un verbo sin preposición ya que en español el significado de la preposición está incluido en el verbo.

Estoy buscando una silla.
I am looking for a chair

Esperaré el autobús.
I will wait for the bus.

EXCEPCIONES: Cuando la preposición no es parte del verbo sino del complemento.

Lo esperé (por) una hora.
Lo busqué por todas partes.

III. Recuerde que cuando el complemento directo de un verbo se refiere a una persona específica se debe usar **A** antes.

Queremos sólo a unas personas que tengan medios.

Si no se refiere a una persona o no se es específico no se usa **A**.

Necesitamos las mesas chicas para hoy.

IV. Las preposiciones **POR** y **PARA** se confunden pues ambas se traducen al inglés como **POR**.

I. **Principales Significados de PARA**

1. Denota el destino de una cosa:

silla para montar   lápiz para escribir
cuchillo para carne   medicina para la tos
balota para votar   papel para dibujar

2. El fin con que se hace algo:

Practico para mejorar.   Estudio para aprender
Hago dieta para adelgazar   Ahorro para mi vejez.

3. Falta de proporción entre dos cosas que se comparan:

Para ser extranjero habla bien el inglés.
Para ser tan joven sabe mucho.

4. Para indicar que una cosa es motivo de otra:

El clima de California es para disfrutar de la vida.
Ese libro es para encarcelar a su autor.

5. Se usa para referirnos a una época o fecha:

Para el quince de mayo habré pagado mi deuda.
Estará aquí para Navidad.

6. Indica la proximidad de un suceso:

Está para terminar el pintor.
Mi padre estaba para llegar.

OBSERVE que a **PARA** le sigue un complemento directo.

II. **Principales Significados de POR.**

1. En las oraciones pasivas se antepone el sustantivo que expresa quién ejecuta la acción.

Estas cartas fueron escritas por tu amigo.

2. Expresa la causa, razón o motivo de alguna cosa.

Voy a Disneylandia por su fama.
Patricia se diferencia de Lulú por su dinero.

3. Es equivalente a "en calidad de", "con el caracter de".

Con el Sr. Pérez por profesor, no tendrá problemas.

4. Equivale a "en concepto de".

Toda su vida fue tenida por loca.

5. Algunas veces se usa como sinónimo de **SIN**.

La casa está por barrer
Los coches están por lavarse.

6. Significa medio.

Terminó por la ayuda de su amigo.
Ascendió por recomendación de un jefe.

7. Es lo mismo que "en favor de".

La mujer hablará por el hombre.
El abogado aparecerá por el reo.

8. Con un infinitivo repetido, separado con **POR**, quiere decir que no tiene caso la acción.

Hablar por hablar.   Trabajar por trabajar.

9. Con un sustantivo repetido, separado con **POR**, significa una locución comparativa.

Libro por libro, prefiero **Anónimo**.

A veces denota la idea de sucesión:

Leí el libro hoja por hoja y línea por línea.

10. Para denotar el tipo de interés que gana el capital.

        el seis por ciento

11. El precio de las cosas.

Dará el coche por dos mil dólares.

12. El trueque o cambio de una cosa por otra.

Doy mi perro por tu escopeta.

13. Antes de un adjetivo enfatiza su significado y sugiere oposición.

Por grande que sea tu hermano, no le tengo miedo.

14. Para denotar un tiempo determinado.

Iremos a España por un mes.

III. El uso de **POR** o **PARA** altera notablemente el significado de la expresión.

Por la mañana lo tiene.	You'll have it in the morning
Para mañana lo tiene.	You'll have it by tomorrow.
Anda **por** aquí.	He is around here.
Anda **para** aquí.	He is walking toward here.
Tres **por** cuatro son doce.	Three times four is twelve.
Tres **para** diez son siete.	Ten minus three is seven.
Voy **por** Tijuana	I am going via(around) Tijuan
Voy **para** Tijuana.	I am going to Tijuana.
Trabajo **por** mi familia.	I work on account of my famil
Trabajo **para** mi familia.	I work for my family.

Ejercicios

I. Llene el espacio con la preposición equivalente en español a la que aparece entre paréntesis.

1. Fui _____(after) el chico que me insultó.

2. No pongas los platos calientes _____(on) la mesa.

3. _____(at) la reunión te presentaré a mi cuñada.

4. Fui _____(as far as) el centro y regresé en diez minutos.

5. _____(at) ese instante el coche estaba abierto.

6. _____(even) los niños se enteraron del suceso.

7. No protejas _____(that) ladrón.

8. Ese niño sabe mucho _____(for) su edad.

9. Felipe nunca ayuda _____(no one) nadie.

10. Las obras de Juan indican un gran amor _____ (for) Dios.

11. El próximo invierno viajaremos _____(through) Chile.

12. ¿_____(for) qué camino vamos?

13. Tus esfuerzos _____(for) mejorar la pronunciación son beneficiosos.

14. ¿Cuántas horas _____(for) semana trabaja usted?

15. Yo no vendería ese mueble _____(for) nada.

16. Estuve en Africa _____(for) dos años.

17. *Rayuela* fue escrita _____(by) Julio Cortázar.

18. No amigo, no puedo. Yo sólo trabajo _____ (by) hora.

19. Salimos y comimos _____(at) un restaurán chino.

20. _____(because of) eso no quiero ir.

Las Preposiciones Dobles

Las preposiciones dobles no son incomunes en español. Algunas de las más usadas son las siguientes:

1. De entre unas matas salió.

2. De por sí es malo.

3. Cogió el tenedor de sobre la mesa.

4. Estuvo aquí desde por la mañana.

5. Ese hombre habla hasta por los codos.

6. Te portas mal hasta con los amigos.

7. Por de pronto estudia.

8. Venía caminando por entre la multitud.

9. Tiene muchas consideraciones para con su padre.

Las Letras Mayúsculas

I. Igual que en inglés, las letras mayúsculas se usan al principio de un escrito, y después de punto. Se usan también para los nombres propios de persona y nombres geográficos.

   El Colorado es un río que nace en Estados Unidos y desemboca en México.

II. A diferencia del inglés no se usan mayúsculas en español:

   a) Con los días de la semana, meses o estaciones del año:

   Hector llegó el viernes 5 de mayo.
   La primavera llega en abril.

   b) Con los adjetivos referentes a nacionalidad o a religión:

   Los peruanos y los mexicanos jugaron ayer.
   Los católicos y los protestantes se reúnen hoy.

   c) Con los nombres de los idiomas:

El español y el portugués se parecen mucho.

III. Algunas reglas básicas del uso de mayúsculas en español:

    a) Con los nombres que expresan títulos, atributos terrestres o apodos.

        El Redentor resucitó al tercer día.
        El Tigre de Santa Julia.
        La Marquesa de Salsipuedes.

    b) Con las abreviaturas de títulos como usted, señor, don, doctor, presbítero, licenciado, ingeniero, etc.

        El Dr. Gutiérrez y el Ing. Ramírez vinieron hoy.
        La Sra. Patiño y la Dra. Chacón jugaron canasta.

    c) Si un nombre propio consta de un sustantivo calificado por uno o más adjetivos, o de varios sustantivos, todos los nombres sustantivos o adjetivos que componen el nombre propio se escribirán con mayúsculas.

        Escuela Nacional Preparatoria.
        Historia de la Literatura y del Arte Dramático en España.

    d) Con los nombres de instituciones y corporaciones.

        El Tribunal Supremo.   Banco de Comercio.
        Secretaría de Hacienda. El Colegio Militar.

    e) Con el nombre colectivo de instituciones como:

        el Estado   la Iglesia   las Fuerzas Armadas

    f) Con la primera palabra del título de un libro, de una obra teatral o cinematográfica o de un artículo.

        Lo que el viento se llevó.
        Cien años de soledad.

    g) Después del signo de admiración o interrogación se escribirá con mayúscula la siguiente frase, excepto en el caso de frases cortas.

El maestro preguntó al alumno ¿qué tienes? Le palpó la frente y lo mandó a casa.

¡Por Dios, señora, tranquilícese! Tómese esta pastilla.

PERO: ¿Qué haces aquí? ¿Cuándo llegaste? ¿Qué quieres?

h) En el caso de la Ch y Ll, sólo la primera letra será mayúscula.

Chihuahua   Enrique Llorente

Ejercicios

I. Reescriba las siguientes oraciones poniendo o quitando mayúsculas según sea necesario.

1. El humo irritante de los Angeles no molestó a los Uruguayos.

2. Los católicos y los Protestantes Irlandeses aún no hacen las paces.

3. El "Diario de las américas" publicó un artículo sobre La muerte de Artemio Cruz.

4. El periquillo sarniento es una novela de "El pensador mexicano".

5. El jueves santo es un día importante de la semana mayor.

6. El escritor Chin Chin el Teporocho prepara una expedición al polo norte en Mayo.

7. El senado norteamericano no ha aprobado esa ley todavía.

8. Las cataratas del niágara están al este del país.

9. El túnel bajo el río paraná es un monumento nacional en argentina.

10. El rector de la universidad de méxico certifica: que el alumno Juan Bautista ...

11. "Emma Zunz" es un cuento sicológico del escritor Argentino Jorge Luis Borges.

12. Fuimos invitados por el club de leones de ponce.

13. si usted sabe Alemán, tal vez se le facilitará el Ruso.

14. Los Israelitas y los Palestinos tendrán que aprender a convivir.

15. <u>La opinión</u> dice que su santísima visitó centroamérica.

LECTURA

Madrid ...

¿Se imaginan una ciudad como Madrid cambiando y convirtiéndose en una capital modernísima y hasta **avant garde**? ... Bueno, no crean que esto va a significar que el ritmo de la vida española va a cambiar su sentido del buen vivir y sus tradiciones clásicas!); sino que -de pronto, casi sin darnos cuenta- ha aparecido un nuevo Madrid ante los ojos del viajero.

Sí, ahí están todavía inalterables (¡gracias a Dios!) la belleza de los monumentos que todos conocemos... Ahí está la bellísima Fuente de la Cibeles, que nos da la bienvenida con gran elegancia cada vez que nos la encontramos de nuevo... La silueta de Correos; la Puerta de Alcalá, la majestuosidad del Paseo de la Castellana (¡pocas calles tienen su señorío y elegancia, y pocas calles son menos "alabadas" y glorificadas!)); la Plaza de España y su eterno Don Quijote; la Iglesia de los Gerónimos;la silueta del Museo del Prado y ¡el mundo antiquísimo y tan genuino de la Plaza Mayor y el Viejo Madrid!... También "presentes" las croquetas con patatas fritas de "California 47", y las gambas a la plancha de cualquier bar que se precie; y las locutoras que en "El Corte Inglés" y en "Galerías Preciado" no paran de anunciar cosas. y exposiciones chinas (¡siempre hay alguna exposición de la China cuando visito Madrid, no importa en qué época del año!)...

Pero, junto a todas las cosas conocidas, y que para el visitante frecuentemente son cosas "de casa", ha aparecido un Madrid joven y moderno, que pasa por un movimiento cultural "de moda" que llaman La Movida... Es el Madrid un tanto "progre", pero más sofisticado que el de hace unos 3 ó 4 años en que aparecieron nuevos diseñadores y sus **boutiques** (Adolfo Domínguez; Sybila; Purificación García y Agata Ruiz de la Prada) ... El Madrid de directores de cine como Pedro Almodóvar y actrices como Carmen Maura ... El Madrid más informal, lleno de música y de ideas (¡aunque a veces no las compartamos!) que se encuentra en los cafés, bares y restaurantes de la Plaza del Angel y el Barrio de Chueca (el Café Central, con música de **jazz** de 10 p.m. hasta medianoche, es toda una experiencia del Madrid "a-la-moda-joven" típico de La Movida)...

Sin ir más lejos, este Madrid nuevo -que hasta a los que más se quejan parece gustarles su poquito, ya que todos los sitios están llenos a tope, para no variar- no ha dejado atrás cosas tan civilizadas y elitistas, como son las meriendas a la hora del té en "Embassy" (señoras elegantísimas, con sus bolsos de "Loewe" y sus trajes de chaqueta impecables, junto a sus nietas vestidas con jerseys y pantalones modernísimos de "Don Algodón" y con bolsos de "Borega Veneta")... ¡Y también el ir a degustar los restaurantes de moda!

¿Cosas que han cambiado para su mal? ...El que ya la Gran Vía no sea aquella avenida "mágica", tanto de día como de noche, en donde nos sentábamos en los cafés al aire libre hasta las tantas... ahora, en la noche el ambiente es un poco "extraño", y no invita a las tertulias de antes; las que se pueden hacer en el Café Gijón, o en los "aires-libres" de la Castellana o de Serrano... También el que todo el mundo hable de política sin cesar; aunque noto más madurez que hace 3 años, y a la gente más conservadora que en esos momentos de "efervescencia política" ...¡Los excesos de " desnudos" y modernismos, aunque ya hay más discreción que en el momento tope del llamado entonces "destape"!

(Vanidades)

Ejercicios

I. Escoja la palabra de la columna izquierda que corresponda a la de la derecha.

1.	darse cuenta	a.	camarones
2.	sino que	b.	probar
3.	majestuosidad	c.	lugar
4.	croquetas	ch.	charla-discusión
5.	patatas	d.	al límite, al máximo
6.	gambas	e.	atmósfera
7.	preciarse	f.	tenerse en algo

8. locutora
9. época
10. compartir
11. se quejan
12. sitio
13. a tope
14. merienda
15. degustar
16. ambiente
17. tertulia

g. percatarse (tomar conciencia de algo)
h. al revés
i. con majestad; con realeza
j. papas
k. anunciadora
l. segmento de tiempo
ll. disfrutar de algo en partes iguales
m. se lamentan
n. alimento ligero por la noche
ñ. chorizo hecho a base de carne previamente cocinada.

II. Conteste la siguiente pregunta. (100 palabras)

¿Le gusta más el nuevo Madrid que el viejo al narrador? ¿Por qué o por qué no?

III. Compare el barrio donde usted vive ahora con aquél donde vivía cuando niño (a).
(150 palabras)

CAPITULO XVIII

Los Pronombres y Adjetivos Relativos

I. El pronombre relativo más usado es **QUE**. Se traduce como **THAT, WHICH, WHO, WHOM** y puede referirse a personas y a cosas.

Los estudiantes, que estaban aburridos, no pusieron atención. (Explicativo)
Los estudiantes que estaban aburridos no pusieron atención. (Especificativo)

Van a pintar las casas que están deterioradas. (Especificativo)
Van a pintar las casas, que están deterioradas. (Explicativo)

Se va a arreglar el coche que está descompuesto. (Especificativo)
Se va a arreglar el coche, que está descompuesto. (Explicativo)

OBSERVE que la oración especificativa selecciona (limita) al sustantivo antecedente. (Sólo va a pintar las casas que están deterioradas; sólo los que estaban aburridos no pusieron atención; sólo se va a arreglar el coche que está descompuesto.) Las oraciones explicativas no seleccionan; se limitan a informar. En la primera nos informa por qué no pusieron atención los muchachos. En la segunda se explica o se sugiere por qué se van a pintar las casas; en la última se explica por qué se va a arreglar el coche.

NOTE además que en las especificativas se deben usar comas.

II. Por lo general no se usa **QUE** después de preposiciones de más de una sílaba.

El público delante del cual habló le aplaudió.
Los equipos contra los cuales jugaron eran débiles.

III. Las preposiciones **A, CON, DE, EN** y **POR** aceptan **QUE**.

La razón por que le dieron una multa fue que se pasó un alto.

El lápiz con que escribo es amarillo.

IV. El pronombre **QUIEN** sólo puede referirse a personas o a nombres personificados. Se usa en oraciones explicativas y especificativas.

La señora Ramírez, quien escribe ese libro, es amiga mía. (Explicativo)
Los doctores, quienes atendieron a mi madre, son españoles. (Explicativo)
¿Quién trajo pastel?

OBSERVE que **QUIEN** puede ser tanto sujeto (quién trajo), como complemento directo (quien escribe). Note también que **QUIEN** tiene plural.

V. Después de una preposición, cuando el pronombre se refiere a una persona, se usará **QUIEN**.

La joven a quien conociste es mi novia. (Especificativo)
El Sr. Gutiérrez, a quien vimos ayer, es mi jefe. (Explicativo)
Mis amigos, para quienes hice este pastel, son italianos. (Explicativo)

PERO: La mesa en que comemos es de caoba. (Especificativo)
La puerta por que entré estaba abierta. (Especificativo)

La preposición **DE** antes de **QUIEN** tiene estos significados.

El hombre de quien te hablé está afuera. (of whom)
¿De quién es esa pluma? (whose)

VI. Después de preposiciones se puede usar **CUAL** aun en oraciones especificativas.

La casa hacia la cual(que) me dirijo es blanca.
Los estudiantes a los cuales viste ayer son amigos míos.

Se usa **EL, LAS, LOS, LAS QUE:** y **EL, LA CUAL, LOS, LAS CUALES** en las oraciones explicativas para ser más preciso y evitar ambigüedades.

Ramiro visitaba a los políticos, los cuales (los

que) eran amigos suyos.

El conferencista habló de su vida universitaria, la cual fue muy productiva.

La casa de la playa, la que (la cual) se dañó en el último terremoto, está de venta.

NOTE que el artículo casi siempre acompaña a **CUAL**. Se escribe sin el artículo en los siguientes casos:

1. En frases interrogativas.

   ¿Cuál te gusta?

2. En frases dubitativas.

   No sé cuál de los dos escoger.

VII. Se usa **QUIEN (ES), EL, LA, LOS, LAS QUE** al principio de una oración o cuando no hay antecedente previo para traducir **HE WHO, THOSE WHO**.

El que no estudie, saldrá mal en el examen.
Quien no estudie, saldrá mal en el examen.
Los que (quienes) quieran ir, que vayan.

VIII. Para referirse a una idea o concepto se usa **LO QUE, LO CUAL**.

No ha dejado de llover, lo cual(que) nos ha
   impedido sembrar. (Explicativo)
Dime lo que quieras. (Especificativo)

OBSERVE que en las oraciones explicativas se puede usar **LO QUE (LO CUAL)** y en las especificativas sólo **LO QUE**.

IX. La forma **CUYO, CUYA, CUYOS, CUYAS**, tiene carácter posesivo. Se traduce como **WHOSE**.

El elefante, cuyos entrenadores vimos ayer,
   se murió hoy.
El niño, cuya pluma se perdió, es mi amigo.
Los pájaros, cuyo nido fue destruido por las
ratas, regresaron la semana pasada.

OBSERVE que **CUYO** concuerda en género y número con el sustantivo que modifica.

X. Después de ciertas preposiciones la traducción es **WHICH**.

En cuyo caso In which case
Por cuyo motivo For which reason
Para cuyo fin For which end

Ejercicios

I. Llene el espacio con la forma correcta del pronombre o adjetivo relativo apropiado.

1. El vendedor en _____ confiaron, los engañó.

2. La maceta, _____ flores se marchitaron, ha sido devuelta.

3. El jefe político, de _____ te hablé, viene hoy.

4. La desorganización, de _____ padezco, me da muchos problemas.

5. Las herramientas, _____ pediste prestadas, me hacen falta.

6. El gato gordo, _____ ama soy yo, se enfermó.

7. Las lluvias, sin _____ no podríamos vivir, llegaron hoy.

8. _____ quieran ir al paseo, alcen la mano.

9. Este es el centro delantero, de _____ te hablé.

10. El hombre _____ hijo mayor ganó el premio, estaba feliz.

II. Escriba una oración utilizando las siguientes expresiones.

1. de los cuales
2. quien
3. que
4. los que
5. la que
6. cuyas
7. delante de la cual
8. cuál
9. con que
10. por cuyo

III. Reescriba las siguientes oraciones haciendo todas las correcciones necesarias.

1. Eso no fue que dije.

2. La Sra. Pérez, cual es mi tía, viene hoy.

3. El libro de Juan, quien es azul, es muy caro.

4. El coche, quien vimos ayer, es de mi hermano.

5. El chico quien te hablé estará mañana en el cine.

Palabras Negativas y Afirmativas

Hay una serie de pronombres, adverbios y conjunciones negativas que, junto con su correspondiente afirmativo, varían del inglés.

```
algo      (some, something)        nada    (nothing)
todo      (all, everything)

alguien   (someone, anyone)   nadie (No one, nobody)
todos     (every, everyone,
           all)

algún     (some, someone, any)    ningún  (no, not any)

alguno(a) (someone)               ninguno(a) (no, none)

alguna vez, algún día  (some time)

siempre   (always)                nunca, jamás (never, ever)

o   (or)                          ni  (nor)

o ...o (neither ...nor)           ni ...ni (neither ...nor)

también (also)                    tampoco (neither, either)
```

I. En una expresión negativa debe haber una palabra negativa antes de cada verbo.

I. En una expresión negativa debe haber una palabra negativa antes de cada verbo.

>   No viene nunca nadie
>   Nunca viene nadie

OBSERVE que se deben usar dos palabras negativas en el caso de poner el primer negativo antes del verbo. A veces se usan tres:

>   No se habló nada de nadie
>   No dice nada nunca

II. Alguno y ninguno pierden la o antes de un sustantivo masculino singular.

>   No necesito ningún libro.
>   ¿Vino a verme algún amigo?

NOTA: La diferencia entre **alguno** y **alguien** es que alguno se refiere a un miembro de un grupo conocido al hablante y al interlocutor. Alguien se refiere a cualquier persona.

>   ¿Vino alguno temprano?
>   ¿Alguien vino tarde?

NOTA: Alguien y nadie se refieren siempre a personas.

III. La forma **algunos** y **algunas** es común, pero **ningunos** y **ningunas** es infrecuente.

>   ¿Quieres algunos tomates?
>   Aquí no hay ningunos tocadiscos.

NINGUNOS se usa sólo con nombres que tienen la forma del plural.

IV.. La palabra **NUNCA** es común. **JAMAS** es una negación rotunda y se usa poco.

>   ¡Nunca vienes a verme!
>   ¡Jamás pensé verme en esta situación!

Ejercicios

I. Cambie las siguientes expresiones a la forma negativa.

1. Deberían de comer algo.
2. Paco o Felipe ararán la tierra.
3. Te dije que alguien entró por la ventana.
4. Siempre habías pedido cerveza alemana.
5. Nos pidió que hiciéramos algunos ejercicios.
6. Algún libro debe tener esa información.
7. Algo dice alguien en alguna parte.
8. ¿Alguno de ustedes vió a Mariquita?
9. Usted también tiene que ir a la luna.
10. Algún día iremos a Marte.

II. Escriba una oración con cada una de las siguientes expresiones.

1. alguien
2. ningún
3. nadie
4. nunca
5. también
6. alguna vez
7. nada
8. tampoco
9. ninguna
10. alguno

Puntuación

I. **El punto**

Como en inglés, el punto indica una pausa y se usa:

a) Al fin de una oración o período completo:

Vi al gato negro en la barda.

b) Después de abreviaturas de títulos:

Ud.   Srta.   Ing.   Arq.   Lic.

c) En algunos países de habla hispana se usa el punto en vez de coma para separar los miles.

Las 1.001 noches.
3.000.000 de habitantes.

II. **La coma** indica una pausa menor que el punto y se usa:

a) En una serie o enumeración de nombres, de adjetivos y de verbos, excepto en el último si éste va unido con E, Y, O, NI:

No quiero flores, dulces ni tarjetas.

Es guapo, joven, agradable e inteligente.

Al sonar la campana regresan los estudiantes, los vendedores limpian su área, y los conserjes barren el piso y recogen la basura.

OBSERVE que en el último ejemplo es necesaria la coma antes de "y los conserjes" porque lo que se enumera es una serie de oraciones.

NOTA: Este uso de omitir la coma antes de las conjunciones **E, Y, O, NI** al final de la oración es distinto al inglés.

b) Para separar oraciones breves que funcionan como serie.

> El burro rebuzna, la oveja bala, el caballo relincha.

c) Va entre comas el vocativo, la palabra o frase que se refiere a alguien ya mencionado.

> Gabriel, tráeme un vaso de agua, por favor.

> Me acordé mucho de ti, hermana, el día de tu santo.

d) Antes y después de oraciones explicativas.

> Las chicas, que sabían la verdad, se asustaron.

PERO en oraciones especificativas se omiten:

> Las chicas que sabían la verdad se asustaron. (O sea sólo aquéllas que sabían la verdad se asustaron.)

e) Para evitar la repetición de un verbo cuando es fácil intuirlo.

> El hombre trabajador obtiene su recompensa; el perezoso, su merecido castigo.

> Unos caían por cansancio; otros, por la sed.

f) Antes de conjunciones adversativas en cláusulas breves.

> Se lo supliqué, pero me ignoró.

> Salieron a alta mar, a pesar del mal tiempo.

> Debe usted ir, aunque no quiera.

g) Cuando se interrumpe el fluir natural de la frase con incisos.

En mi auto, es decir, en el de mis padres, hay suficiente espacio.

No sé, en fin, qué debo hacer.

h) Al final de frases formadas por participio o gerundio.

Lloviendo aún, tuvo que salir a visitar el enfermo.

Muerto el lobo, los pastores pudieron descansar.

III. Punto y Coma

El punto y coma se usa para expresar una pausa mayor que la coma y menor que el punto. Se utiliza en los siguientes casos:

a) Para separar oraciones consecutivas largas, siempre que, por referirse al mismo asunto, formen parte de un mismo período.

> Algunos jóvenes viven enamorados de sí mismos; pierden todo criterio para juzgar sus propios actos y los ajenos; el egoísmo los aprisiona; la ceguera espiritual los arrastra a olvidarse de sus semejantes.

b) Para separar oraciones consecutivas si éstas llevan en sí comas.

> En la fiesta del Club Internacional era imposible entenderse: Unos hablaban armenio; otros, filipino; aquéllos coreano; los de más allá chino.

c) Antes de conjunciones adversativas, si las oraciones son largas.

> Así es, dijo Juan Carlos; aunque yo sé que es injusto.

> El ponente habló mucho; mas no dijo nada.

IV. **Dos Puntos**

a) Después de expresiones de saludo y cortesía con que comienzan cartas y documentos.

> Estimado amigo:
> Distinguido señor:

b) Antes de citar textualmente lo dicho por otra persona.

> Sé que me decía: "Pórtate bien".
>
> Benito Juárez dijo: "El respeto al derecho ajeno es la paz".

c) Antes de una enumeración y después de las expresiones: **LOS SIGUIENTES, POR EJEMPLO, SON, A SABER, VERBIGRACIA,** etc.

> El contenido de este paquete es como sigue: cinco lápices, tres cuadernos, un diccionario y dos gomas para borrar.

V. **El Guión**

a) Se usa el guión para indicar que una palabra termina en la línea siguiente. Recuerde la división silábica. También se usa para indicar la división silábica.

b). Para indicar palabras compuestas.

> Guerra franco-prusiana.
> Partido demócrata-cristiano

PERO si los componentes son gentilicios y el compuesto se refiere a una fusión de los dos pueblos se omitirá el guión.

> hispanoamericano   indoeuropeo

VI. **La Raya o Guión Largo**

a) Sirve para indicar en los diálogos lo que cada cual dice.

> --¿Qué te parece esa película?

--No sé. No la he digerido todavía.

OBSERVE que este uso es completamente distinto al inglés que utiliza comillas (").

b)   Para sustituir a un paréntesis.

Querido amigo --dice uno de mis admiradores-- usted no me convence totalmente.

VII. **El paréntesis**, los puntos suspensivos, las comillas y los signos de admiración e interrogación.

a). El paréntesis encierra letras, palabras u oraciones aclaratorias sin enlace necesario con el resto de la oración.

Querida, mientras estudio (la lección es corta) ve a la tienda.

b) Los puntos suspensivos denotan silencio o interrupción y se usan cuando: se calla algo sobrentendido o que no se quiere decir; se omite algo en una transcripción; se usa para llamar la atención.

Haz lo que te digo, si no quieres que ...
Después de tanto preparativo llegaron a la fiesta ... tres personas.

c) En cuanto a las comillas la diferencia principal es que el punto y la coma se ponen después, no antes de las comillas.

Pedro me dijo: "Tráeme una cerveza".
Pedro told me: "Bring me a beer."

d) En cuanto a los signos de admiración e interrogación, se deberá poner un signo al revés antes de la expresión y otro al final en su forma normal.

Me preguntó sorprendido: ¿Usted no sabe qué hora es?

A diferencia del inglés, estos signos pueden aparecer en medio de la frase.

Y además, ¿qué puedo esperar de ti?

Ejercicios

I. Ponga la puntuación correcta en las siguientes expresiones.

1. No olvidemos nunca que la supremacía del espíritu ni las riquezas ni la salud, ni el poderío valen tanto como el dominio de sí mismo.

2. Las cinco partes del mundo son las siguientes Europa Asia Africa América y Oceanía.

3. Joaquina pensaba llevar a la fiesta un vestido blanco María uno azul Pepita arreglaría uno que ya tenía para el cual había comprado algunos adornos.

4. No hay amor como el amor de madre no hay ráfagas de indiferencia ni de olvido que anublen el cielo de su ternura no hay gozo que compense el tormento de su corazón.

5. No es a mi gusto sino al de la persona que lo va a utilizar.

6. Fastidia pero paga bien.

7. Fueron a ese lugar a pesar de que se los advertí.

8. El gato está en la sala el perro afuera ladrando los peces en la pecera jugando.

9. Bien quisiera amigo mío darte el gusto de verme casado.

10. Salieron temprano viajaron durante cuatro horas nadaron e hicieron lo que quisieron.

11. Si quieres progresar si deseas el bien propio si eres honrado trabaja todos los días y gana el pan con el sudor de tu frente.

12. Estimado Sr Rodríguez (Encabezado de carta)

13. Le suplico a Ud que me perdone la tardanza en contestarle Empleo más tiempo del que pensaba en visitar a los clientes El Sr Ing

Martínez y el Dr Prieto cancelaron sus pedidos Sin embargo recibí pedidos de Guadalajara Jalisco Saltillo Coahuila y Montemorelos Nuevo León.

LECTURA

tesoros
NUESTRA SEÑORA DE ATOCHA

El 4 de septiembre de 1622, Nuestra Señora de Atocha y otros ocho barcos españoles se hundieron entre Cuba y la Florida durante una tormenta. A bordo del Atocha iban 550 personas y unas 47 toneladas de riquezas. Según los expertos, la embarcación más rica que ha naufragado en aguas de los Estados Unidos. Felipe IV, el entonces Rey de España, ordenó una búsqueda, pero las peligrosas corrientes hicieron que los intentos fueran en vano. Desde entonces, infinidad de aventureros han tratado de encontrar el tesoro... también en vano. El mar siempre se negó a devolver el botín del siglo XVII... hasta el 20 de julio de 1985.

Después de dedicarle 16 años a la búsqueda del galeón de tres mástiles, Mel Fisher, un "busca tesoros" profesional, lo encontró a poca distancia de Cayo Hueso, a unos 16 metros (54 pies) de profundidad. El largo proyecto le costó $15 millones de dólares, varias batallas jurídicas y la vida de tres personas, incluyendo su hijo, Dirk. El descubrimiento del Atocha marcó el décimo aniversario de su muerte.

Evaluado en U.S. $400 millones de dólares, la mayor parte del tesoro sigue en el fondo del mar. Un equipo de buceadores (empleados de **Treasure Salvors Incorporated**, la compañía fundada por Fisher 20 años atrás para buscar tesoros) ha sacado 200 barras de plata, cada una de 37.5 centímetros (15 pulgadas) de largo con un peso de 32 kilos (70 libras).

Se calcula que quedan unas 1,000 barras, más joyas y monedas. Duncan Mathewson, el arqueólogo oficial de **Treasure Salvors**, dice que demorarán aproximadamente dos años en sacar lo que queda porque es preciso fotografiar y analizar los restos del Atocha. "Es la primera oportunidad que hemos tenido en el Nuevo Mundo para estudiar un naufragio virgen. Gran parte del barco permanece intacto debajo del tesoro. Es como encontrar la tumba del Rey Tut"

Mientras tanto, 700 inversionistas esperan su recompensa. Mel Fisher posee el 5 por ciento de las acciones. El resto está dividido entre su tripulación y muchas personas que creyeron en él cuando el ex criador de pollos no tenía un centavo. "En los 14 años que llevo trabajando con Mel, mucha gente se ha burlado de nosotros", cuenta Sherry Culpepper, vendedora de acciones de los sueños de Fisher. "Una vez me pasé 13 semanas sin cobrar sueldo. Eso no era raro en los tiempos difíciles." Pero su suerte ha cambiado. Todos los que se arriesgaron serán pagados no en efectivo sino en barras de plata o monedas de oro. Pero tendrán que esperar un poco más porque, por ahora, lo que se ha recuperado se está exhibiendo en el museo que Fisher ha montado en Cayo Hueso.

(Vanidades)

Ejercicios

I. Escoja la palabra o frase de la columna izquierda que corresponda a la de la derecha.

1. embarcación
2. naufragar
3. búsqueda
4. botín
5. buceador
6. equipo
7. demorar
8. sueldo
9. arriesgarse

a. tardar, tomar tiempo
b. despojos para el vencedor
c. salario
ch. el que nada bajo el agua
d. hundirse un barco
e. nave, barco
f. conjunto de personas
g. acción de buscar
h. exponerse

II. Conteste las siguientes preguntas:

1. ¿Fue fácil hallar el tesoro de Nuestra Señora de Atocha?

2. ¿Le atrae a usted la profesión de busca-tesoros? ¿Por qué o por qué no?
(100 palabras)

REPASO CAPITULOS XVI, XVII, XVIII

I. Llene el espacio con la forma correcta del verbo en paréntesis.

1. Si no _____ (ponerse) a dieta, vas a reventar esos pantalones.

2. Me voy si tú _____ (seguir) gritando.

3. Si no _____ (bajar) el volumen, te _____ (volver) sordo.

4. Si yo _____ (ser) robot, no me _____ (cansar).

5. Se veía como si _____ (estar) cansado.

6. Si él _____ (estar) de vacaciones, lo _____ (haber) visto.

7. La vecina _____ (haber) llamado a la policía si _____ ((haber) visto al ladrón.

8. Te sentirías mejor si _____ (reducir) 10 libras.

9. Si tú _____ (poder), _____ (estar) nadando.

10. Si _____ (venir), no lo vi.

II. Llene el espacio con la forma correcta de **SER** o **ESTAR**.

1. Canadá _____ situado en Norteamérica.

2. Sírveme hasta que el vaso _____ lleno.

3. ¿Dudas que mi reloj _____ de oro?

4. Anoche el pelo de Alicia _____ pintado por su madre.

5. Podemos patinar porque el lago _____ congelado.

III. Sustituya el verbo subrayado por un equivalente.

1. El lago Titicaca **está** en Sud América.

2. No creo que **sea** tu culpa.

3. Lo hago para que **estés** contento.

4. Si no comiera tanto, Garfield no **estaría** tan gordo.

5. La mujer de hoy ya no **está** contenta con estar metida en la cocina.

IV. Cambie las siguientes oraciones a la construcción pasiva.

1. La ambulancia condujo al herido al hospital.

2. Los estudiantes eligieron a su representante.

3. Ese restaurán sirve buena comida.

4. Sin querer rompí el florero.

5. Allí venden buena porcelana.

V. Llene el espacio con la preposición adecuada. En algunos casos existe más de una posibilidad.

1. El mes entrante pensamos viajar _____ Santo Domingo.

2. Los trastes están sucios y las camas _____ tender.

3. Cenamos ____ un restaurán italiano.

4. Prepárate ____ que puedas triunfar.

5. Te veo mañana ____ la noche.

6. ___ más que miré, no vi ___ nadie.

7. Estoy ___ comprar una computadora.

8. Me gusta el café ___ azúcar.

9. El perro ___ Sonia tiene pulgas.

10. Mañana empezaremos ___ trabajar ___ casa ___ Juanita.

VI. Llene el espacio con el pronombre o adjetivo relativo apropiado.

1. La mujer, _____ esposo estuvo aquí anoche, es mi prima.

2. Necesito el libro _____ te presté.

3. La señorita Ramírez, _____ fue mi profesora, se casó ayer.

4. Tráeme las copas azules, _____ compramos en la cristalería del centro.

5. Mis abuelos, _____ viven en Arizona, vendrán para mi cumpleaños.

VII. Haga las siguientes oraciones afirmativas.

1. No me vienes a ver nunca.

2. Tampoco me gustan las margaritas.

3. No quiero ni una ni otra.

4. Nadie canta nada.

5. Nunca trata de superarse.

VII. Corrija todos los errores.

1. La princesa margarita de inglaterra quien se halla en Francia cumplió 53 años.

2. Necesito que me traiga cuadernos tijeras papel y goma.

3. Hoy no es así los sicólogos afirman todo lo contrario.

4. Natalia dice solo cuando amo me siento realizada.

5. Los Ecuatorianos a quienes conociste en Europa estan aquí.

APENDICE

Abreviaturas y Siglas

a.	Area	ed.	Edición
abr.	Abril	EE. UU.	Estados Unidos
a.C.	Antes de Cristo	ene.	enero
A.C.	Año de Cristo, Acción Católica	E.P.M.	En propia mano
a. de J. C.	Antes de Jesucristo	E.U.A.	Estados Unidos de América
admón.	Administración		
ag.	Agosto	F	Fahrenheit (grado)
a.m.	<u>Ante meridiem</u>, antes del medio día	f.c.	Ferrocarril
		F.C.	Ferrocarril, Fútbol Club
art.	Artículo		
atto.(-a)	Atento(-a)	Fdez.	Fernández
		feb., febr.	Febrero
		ff. cc., FF. CC.	Ferrocarriles
Bs. As.	Buenos Aires		
		fol.	Folio
		Fr.	Fray
C	Celsius (grados centígrados)	fra.	fractura
cap.	Capítulo		
c. c.	Centímetro(s) Cúbico(s)	g.	Gramo
		g.p.	Giro Postal
cg.	Centigramo		
Cía.	Compañía		
cl.	Centilitro	h.	Hora(s)
cm.	Centímetro	hnos.	Hermanos
Cód.	Código		
cta.	Cuenta		
c/u	Cada uno	i.e.	<u>id est</u>, esto es
		izq.	Izquierda
ch/	Cheque		
		J. C.	Jesucristo
		JHS	Jesús
D.	Don	jul.	Julio
dcha.	Derecha	jun.	Junio
dic.	Diciembre		
doc.	Docena, Documento		
dr.	Doctor	k.g.	Kilógramo
		km.	Kilómetro
E.	Este (punto cardinal)		

l.	Litro
Ldo.	Licenciado
lib.	Libro, Libra

m.	metro, minuto(s)
mar.	Marzo
may.	Mayo
mm.	milímetro(s)
m/n.	Moneda nacional
Ms., ms.	Manuscrito
Mtro.	Maestro

N.	Norte
nov., novbre.	Noviembre
ntro., ntra.	Nuestro(a)
núm.	Número

oct.	Octubre
O.E.A.	Organización de Estados Americanos
O.N.U.	Organización de la Naciones Unidas

p.	Página
pág.	Página
p. ej.	Por ejemplo
p.m.	<u>Post meridien</u>, después del mediodía
prof.	Profesor
pról.	Prólogo
prov.	Provincia

r.p.m.	Revoluciones por minuto
Rte.	Remitente

s.a.	Sin año (en libros)
S.A.	Sociedad Anónima
Sdad.	Sociedad
S. en C.	Sociedad en Comandita

sep., sept.	Septiembre
sig.	Siguiente
S.L.	Sociedad Limitada
s/n.	Sin número
Sr.	Señor
Sra.	Señora
Sres., Srs.	Señores
Srta.	Señorita
S.S.	Su Santidad
s.s.s.	Su seguro servidor
Sto., Sta.	Santo, Santa

tel., teléf.	Teléfono
TV.	Televisión

UAM	Universidad Autónoma Metropolitana
UNAM	Universidad Autónoma de México

v.	Véase, Verso
Vd., Vds.	Usted, Ustedes
vda., vdo.	Viuda, Viudo
v.gr., v.g.	Verbigracia, (por ejemplo)
Vo. Bo.	Visto Bueno
vol.	Volumen

VOCABULARIO ESPAÑOL-INGLES

A

a to, at, for, from, in
abajo downstairs, below
abandonar to abandon
abierto (-a) opened, open
ablandar to soften
abogado (-a) lawyer
aborto m abortion
abrasar to burn
abrazar to embrace, to hug
abreviar to abbreviate
abreviatura abbreviation
abrigo coat
abrir to open
abstenerse to abstain
abstracto abstract
abuela grandmother
abuelo grandfather
aburrido bored, boring
acá here, over here
acabar to finish, to end, to complete
acampar to camp
acariciar to caress
acarrear to carry
accidente accident
acción action
aceite oil
acelerar accelerate
acento accent
acentuación accentuation
acentuar to accentuate
aceptar to accept
acerca, acerca de about
acercarse (qu) to approach
acertar (ie) to guess right
ácido acid
acidez acidity
aclarar to clarify
acompañar to accompany
aconsejar to advise
acontecimiento event
acordar (ue) to agree
acordarse (ue) to remember
acostar (ue) to put in bed
acostarse to lie down, to go to bed
acostumbrar to be used to
actitud attitude
actividad f activity
activo active
actor m actor
actuar (ú) to act
acualón aqualung
acudir to go, to come
acuerdo (estar de) to agree
de acuerdo con according to
acumulador accumulating, car battery
acusar accusation
acusar recibo to acknowledge receipt
adecuado (-a) adequate
adelantar to advance
adelgazar to thin, loose weight
adelante ahead, forward
ademán m gesture
además de in addition to
adherir to adhere
adiposo (-a) adipose
adjetivo adjective
adjunto enclosed
administración administration
admiración admiration
adolescente m or f adolescent
adonde or adónde where
adornado adorned, flowery

adquirir acquire
aduana customs
aérea adj. air
aeropuerto airport
afeitar to shave
aficionado (-a) fan (as in sports)
afirmar to affirm
afueras f pl. outskirts
agasajar to give a party in honor of
ágil agile
agitar to agitate
agradable pleasant
agradecido (-a) grateful
agrícola m or f agricultural
agricultura agriculture
agua water
aguantar to resist, to endure
aguar to water down, dilute
aguda (palabra) word with stress on last syllable
agudo acute
agüero omen
aguja needle
ahí there
¡ah! oh!
ahínco zeal, eagerness
ahijado godchild
ahora now
ahorrar to save (as in money)
ahorro (cuenta de) savings account
aire air
ají m green pepper
ala m wing
álamo poplar
alcanzar to attain, to reach
alcatraz pelican, solan, gannet
alcázar castle, fortress

alegre adj. happy
alegrarse (de) to be glad
alegría happiness
alemán German
Alemania Germany
alfabeto alphabet
alfiler pin
algo something, anything
algodón cotton
alguien somebody, someone anyone
algún some, any
alguno (-a,-as,-os) any, some, several
alimentar to feed
angustiar to anguish
alimento food
aliviar to heal, to relief
alivio relief
almacén store
almohada pillow
almorzar (ue, c) to have lunch (brunch)
alquilar to rent
alrededor around
alto high, stop
  voz alta loud voice
alucinación hallucination
alucinar to hallucinate
alumbramiento lighting, birth
alumno student
alzar (c) to pick up
allá over there
allanar to smooth, level
allí there
amabilidad kindness
amable kind, nice
amante m or f loving, lover
amar to love
amarrar to tie
ambiente atmosphere
ambigüedad ambiguity
ambos both
amenaza threat

amenazar   to threaten
amenizar   to make pleasant
amigo   friend
amoniaco   ammoniac
amor m   love
amortiguar   to muffle
ampliar   to extend, to broaden
análisis   analysis
ancho   wide
andar   to go, to walk
anexión   annexation
anfitrión   host
ángel   angel
angustia   anguish
anhelar   to desire, to wish
anillo   ring
aniversario   anniversary
anoche   last night
anochecer m   dusk
ansia   yearning, anxiety
ansiedad   anxiety
ante   before
anteayer   day before yesterday
antemano   beforehand
anterior   preceding, previous
antes   before
antier   day before yesterday
antigüedad   antiquity
antiguo (-a)   ancient
anular   annul
anunciar   to announce
anuncio   announcement
anzuelo   hook, bait
añadir   to add
año   year
apaciguar   to calm down
apagar (gu)   to turn off
aparecer (zc)   to appear
aparentar   to pretend
apartamento   apartment
apartar   to separate
apelativo   surname
apellido   last name

aportar   to put into, con- contribute
aporte   contribution
apostar (ue)   to bet
apoyo   support
aprender   to learn
apretar (ie)   to press, to hold
aprovechar   to take advantage
aquel   that
aquél   that (one); the former
aquella   that
aquélla   that (one); the former
aquello   that
aquellos (-as)   those; the former
aquí   here
arar   to plow, to till
árbitro   referee
árbol m   tree
arbusto   tree
ardilla   squirrel
arduo (-a)   ardous
Argentina (la)   Argentina
argentino (-a)   Argentinian
armario   closet, wardrobe
armonía   harmony
arpa   harp
arpón   harpoon
arrancar (qu)   to start (a car)
arrebatar   to snatch
arreglar   to fix
arrepentirse (ie,i)   to repent
arriba   upstairs
arribar   to arrive
arrodillarse   to kneel down
arroz m   rice
arte m   art
artista m or f   artist
as m   ace
asegurar   to assure
así   this way, like this
asir   to grasp, to seize

303

asilo asylum, orphanage
Asia (el) Asia
asiático (-a) Asian
asiento seat
asignatura subject in school
asistir to attend
áspero coarse, rough
aspirina aspirin
astilla splinter
astillar to splinter, chip
asunto matter
asustar to frighten
atar to tie
ataúd m coffin
atenuar to attenuate
aterrizar to land
atestiguar to testify
atleta m or f athlete
atole m drink made out of cornmeal gruel
atraer (g) to attract
atrapar to catch, to trap
atrasado outdated, behind
atravesar (ie) to cross
atreverse (a) to dare (to)
aula m classroom
aumentar to increase
aun even
aún yet
aunque although
ausente m or f absent
auto car
autobús bus
automóvil m automobile
autopista freeway
avergonzarse (üe) to be ashamed
averiguar (üe) to find out
avión plane
avisar to inform
ayer yesterday
ayuda help
ayudar to help

azúcar m sugar
azul m blue

B

Baca baggage rack
¡bah! expression of disbelief or contempt
bailar to dance
bailarín dancer
baile m dance
bajar (de) to go down
bala bullet
balazo shot, bullet wound
banco bank, bench
bandera flag
bañar to bathe; **bañarse** to take a bath
baño bath, bathroom
barda wall, fence
barato inexpensive
barba beard
barbería barber shop
barco ship, boat
barrer to sweep
barrera barrier
barrio neighborhood
basar to base
base f base
básquetbol m basketball
basta enough, a great deal
bastar to suffice
bastilla hem
basto rough, coarse
basura trash
bata bathrobe, robe
batallar to do battle, have difficulties
batear to hit, bat
baúl trunk, chest
bautizo baptism
bayo(-a) bay (horse)
bazo spleen
bebé baby
beber to drink
bebida drink, beverage
beca scholarship

béisbol m baseball
belleza beauty
bello (-a) beautiful
bendecir (g,i) to bless
beneficiar to benefit
beneficio benefit
beneficioso beneficial
besar to kiss
biblioteca library
bicicleta bicycle
bien well, fine
bienes wealth, assets
bienestar well-being, welfare
bienvenido (-a) welcome
bilet lipstick
bilingüe bilingual
billete bill, ticket
billetera wallet
biología biology
blanco white
blusa blouse
boca mouth
boda wedding
boina beret
bolillo pin, bread
bolsillo pocket
bomba pump
bombardear to bombard
bonito (-a) pretty
borrachera drunkenness
borrador eraser
borrar to erase
bosque m woods, forest
bota boot
botar to throw away, bounce
botella bottle
botica pharmacy
boticario pharmacist
botón m button
boxeo boxing
bracero laborer
brasero brazier, hearth
Brasil (el) Brazil
brasileño (-a) brazilian
brazo arm
breve brief

brevedad f conciseness
brillar to stand out, shine
brincar (qu) to jump
brío spirit, vigor
broma joke
bromear to joke, jest
brusco rough, rude
buceador diver
bucear to skindive
buen good
buey m ox
buho eagle owl
bujía sparkplug, candle
burla mockery, ridicule
busca search
buscar (qu) to look for
búsqueda search
butaca seat in a theater
buzo diver
buzón m mailbox

C

caballero gentleman
caballo horse
cabello hair
caber (q,u) to fit
cabeza head
cabina booth, cabin
cable m cable
cada each
cadera hip
caer (g,y) to fall
café m coffee, café
caída fall
caja box
cajero (-a) cashier
calcio calcium
caldo broth
calendario calendar
calentura fever, temperature
calidad quality
calificación grade, qualification
calor heat

calvo (-a) bald
callado quiet
calle f street
callejón m alley
cama bed
cámara camera
cambiar to change
caminar to walk
camino walk, road, way
camión truck, bus
camisa shirt
campana bell
campeón champion
campesino farmer
campo field, country
cana gray hair
Canadá (el) Canada
canadiense m or f Canadian
canal m chanel
cancelar to cancel
canción f song
cancha court, playing field
canica marble
cansancio tiredness, fatigue
cansar to tire;
　cansarse to get tired
cantante m or f singer
cantar to sing
cantidad quantity
cano song
caña sugar cane
cañón cannon
capacitar to qualify
capaz m or f capable
capital m capital (assets)
　　　f capital city
capítulo chapter
cara face
cárcel f jail
carácter m character, nature
característica characteristic
carambola carom, cannon (in billiards)

carbón m coal, carbon
carecer to lack
carga burden
cargo position
cariño affection, love
cariñoso affectionate
carnaval m carnival
carne f meat
caro (-a) expensive
carpintero carpenter
carpintería carpentry
carrera career, race
carretera highway
carro car
carta letter
cartel m poster
cartera wallet, handbag
cartero mailman
casa house, home
casar to marry;
　casarse to get married
casi almost
caso case
castellano Castillian, Spanish
castigar (gu) to punish
catalán m Catalonian, Catalan (language)
catálogo catalogue
catedral f cathedral
categoría class, category
católico Catholic
cauce m river bed
caudillo caudillo, chief
causa cause
cayo key, islet
caza hunting
cazo laddle, dipper, pot
cazuela cooking pot
cebolla onion
cebra zebra
cebú zebu, Asiatic ox
ceda f bristle
cegar (ie,gu) to blind
Celandia, Nueva New Zealand

celebrar to celebrate
celos m pl jealousy
cena dinner
cenar to have dinner
centro downtown, center
cepillo brush
cepillar to brush
cerca (de) near
cercano near
cerdo pig
cerebro brain
ceremonia ceremony
cerillo (-a) match
combate battle, struggle
cerrar (ie) to close
cerro hill
certeza certainty
cerveza beer
cesar to stop doing
césped m grass
ciclismo cycling
ciclo cycle
ciego blind
cielo sky
ciencia science
cierto certain, true
cigarro cigarette, cigar
cilindro cylinder
cine m movie theater
cinta tape
cintura waist
circunstancia circumstance
cita quotation, appointment
ciudad city
ciudadano citizen
claridad clarity
claro clear
clavar to nail
clase f class
clasificar (qu) to classify
cliente m or f client
clima m climate
clínica clinic, hospital
cobrar to collect
cobro collection
cocer (ue,z) to cook

cocido a Spanish dish
cocinar to cook
coco coconut
coctel cocktail
coche m car
codo elbow
cohete m rocket
colegio school
colgar (ue,gu) to hang
coloquial colloquial
color m color
coma comma
conferencia lecture
combinación combination
combinar to combine
comedor m dining room
comenzar (ie,c) to begin
comer to eat
comida food
comienzo beginning
comillas f pl quotation marks
comité m committee
como as, like, since
cómo how
cómodo comfortable, convenient
compañía company
compartir to share
competencia competition
complacer (zc) to please
complejo complex
complemento complement
completar to complete
complicar to complicate
componer (g) to compose, fix
compra purchase
comprar to buy
compras (ir de) to go shopping
comprender to understand
comprobante claim check
comprobar to verify
comprometerse to commit oneself

compromiso engagement
común common
comunicar (qu) to communicate
con with
concebir (i) to conceive
conceder to grant
concretar to make specific
concurso contest
condado county
conducir (zc) to drive
conectar to connect
conexión connection
confesar (ie) to confess
confiado trusting
confianza trust, confidence
confrontar to confront
confundir to pursue
confuso confused, blurred
conjugación conjugation
conjugar (gu) to conjugate
conmigo with me
conminar to threaten
conocer (zc) to know
conocimiento knowledge
conquistador m conqueror
consecuenca consequence
conseguir (i) to obtain
consejero counselor
consejo advise
consentir (ie,i) to consent
conserje m or f janitor
considerar to consider
consigo with oneself
consonante f consonant
constituir (y) to constitute
construir (y) to construct
consuelo comfort
consumidor m consumer
consumo consumption
contabilidad accounting
contador (-a) accountant
contagiar to give or spread a disease
contaminar to pollute
contar (ue) to count

contener (g, ie) to contain
contento (-a) happy
contestar to answer
contigo with you
continuar (ú) to continue
contra against
contradecir (g,i) to contradict
contrariar to vex
contratar to hire
contrato contract
cuán how
cuando when
cuándo when?
contribuir to contribute
convenir (g,ie) to agree
conversar to chat, to talk
convertir (ie,i) to change into
cooperar to cooperate
copia copy
copiar to copy
coqueteo flirting
coquí frog in Puerto Rico
corazón heart
corbata tie
coreografía choreography
coro choir
corona crown
correcto correct
correo mail, post office
correr to run
corriente f current
cortador (-a) cutter
cortar to cut
cortés courteous
corto short
cosa thing
coser to sew
costar (ue) to cost

costumbre _f_ custom, habit
cotidiano daily
crear to create
creciente growing
crecimiento growth
creencia belief
creer (y) to believe
crisis _f_ crisis
criterio criterion
crítica criticism
cruzar (c) to cross
cuadra block
cuadro painting
cual which
cuál which, which one
cualidad quality
cualquier _adj._ any
　　 pron. anyone
cuánto how much
cubano (-a) Cuban
cubeta bucket
cubo cube, bucket
cubrir to cover
cucharada tablespoonful
cucharadita teaspoonful
cuello neck
cuenta bill
cuento short story
cuerpo body
cuestión matter
cuidado care
cuidar to look after
culpable guilty
culpar to blame
cultivar to farm
cumpleaños birthday
cumplir to fulfill
cuñado brother-in-law
cupé coupe
cupo allotment, quota
cura _m_ priest; _f_ cure
curiosidad curiosity
curioso curious
curso course, class
cuyo whose

Ch

chaqueta jacket
chambelán companion
charco pool, pond
charla chat, talk
charlar to talk
checo (-a) Czech
cheque _m_ check
chequera checkbook
chico _adj._ small;
　　 _n._ boy
chileno (-a) Chilean
chimenea chimney, fire-
　　 place
China (la) China
chino (-a) Chinese
chofer _m_ driver
chorrear to drip
churro fritter, culler

D

daño damage
desafiar (í) to defy
dato datum;
　datos data
de of, from, than
debajo under
deber _n_, _m_, duty;
　　 _v._ ought to
debido _p.p._ due, proper
débil weak
debilidad weakness
décimo tenth
decidir (se) to decide
decir (g,i) to tell
dedicar (qu) to dedi-
　　 cate
dedo finger
defender (ie) to defend
dejar to let, to permit,
　　 to leave
del (de + el) of the
delantal _m_ apron
delante (de) before,
　　 in front

delfín dolphin
delgado thin
deluir to dilute
demás (los) the rest
demasiado too much
demócrat democrat
demoler (ue) to demolish
demorar to delay, to retard
dentisa m or f dentist
dentro (de) inside, within
depender to depend
deporte m sport
depositar to deposit
depreciación depreciation
depresión depression
deprimirse to become depressed
derecha right (hand)
derecho straight, law
desaguar (gü) to drain
desahogar (gu) to relief
desahuciar to deprive of hope
desaparecer (zc) to disappear
desayunar to have breakfast
desayuno breakfast
descansar to rest
descolgar (ue,gu) to take down
desconocer not to know
descubridor m discoverer
descuento discount
descuidado careless
desde since, from
desdén m scorn
desear to wish
desecho remainder, waste
desembarcar (qu) to disembark
desempeñar to carry out
desempolvar to dust
desengaño disillusionment

desenlace outcome
deseo desire, wish
desequilibrio imbalance
desfile m parade
desgracia misfortune, misshap
deshacer (g) to undo, to destroy
deshecho pp. undone, destroyed
desigual uneven
despacio slow (by)
despectivo derrogatory
despedida farewell
despedir (i) to fire, to dismiss;
  despedirse to say goodbye
desperdiciar to waste
despertar (ie) to awaken, to wake up
después (de) after, afterwards
destinatario addressee
destruir (y) to destroy
detener (g,ie) to stop, to detain
detrás (de) behind
deuda debt
devaluar to devaluate
devolver (ue) to return, give back
día m day
diacrítico diacritical (accent)
diagrama m diagram
doler (ue) to ache, hurt
dialecto dialect, language
diario n diary, newspaper
  adj. daily
diccionario dictionary
dictado dictation
dictáfono dictaphone
dictar to dictate
dicho pp said
diente m tooth

diérisis f dieresis
dietista m or f dietist
diferenciar to differentiate
diferir to defer, delay; differ
difícil difficult
dificultad f difficulty
dinero money
Dios God
diptongo diphthong
dirección address; direction
director (-a) director, principal
dirigir (j) to address, to head toward
discoteca discotheque
disculpar to excuse, pardon
diseñar to design
disfrazarse to disguise, to cloak
disfrutar to enjoy
disgustar to displease
disimular to pretend
disminuir (y) to diminish
disponible available
distinguir to distinguish
distinto different
distracción amusement
distraer (g) to distract
   distraerse to amuse oneself
diurno diurnal, daily
divertido enjoyable
divertirse (ie,i) to have a good time
divorciarse (de) to get a divorce from
docena dozen
dolor m pain
doloroso (-a) painful
dominación domination
dominio control, domination
don title of respect
donativo donation, gift
donde where
dónde where?
dondequiera wherever
doña title of respect
dormir (ue,u) to sleep; **dormirse** to fall asleep
dosis f dose
dote f dowry
droga drug
duda doubt
dudoso doubtful
dueño owner
dulce sweet, candy
duplicar (qu) to duplicate
durante during
duro hard

E

e and
economía economy, economics
Ecuador (el) Ecuador
ecuatoriano (-a) Ecuadorian
echar to throw
edad age
edificio building
efecto effect
eficacia efficiency
Egipto Egypt
egipcio (-a) Egyptian
egoísta m or f selfish
ejemplar exemplary
ejemplo example
ejercer (zc) to practice
ejercicio exercise
ejercitar to exercise
ejército army
el the
él he
elefante m elephant
elegante m or f elegant
elegir (i,j) to elect; to choose

ella she
ellos (-as) they
embarcar (qu) to go on board
embargo (sin) nevertheless
embestir (i) to charge, to attack
empacar (qu) to pack
empacadora packing house
empanada small meat pie
empañar to blur, to cloud
empeorar to get worse
empezar (ie,c) to start
empleado (-a) clerk, employee
emplear to employ, to use
empleo job, use
empresa company
en in, on, at
enamorado in love, lover, suitor
enamorarse (de) to fall in love with
encantador charming
encantar to charm, to delight
encararse to face
encargar (gu) to entrust, put in charge
encender (ie) to turn on, to light
encerar to wax
encerrar (ie) to shut or lock in
encima above
encoger (j) to shrink
encontrar (ue) to find
encrucijada crossroads
enchiladas Mexican dish
enchinar to curl hair
énfasis m emphasis
enfermarse to become sick
enfermedad sickness
enfermero (-a) nurse
enfermo sick
enfocar (qu) to focus

enfrentarse to confront
enfriar to chill, cool
enfurecerse (zc) to become angry
engañar to fool, to cheat
engullir to gulp down
enhorabuena congratulations
enloquecerse (zc) to go mad
enmascararse to wear a mask
en medio in the middle
enmohecer (zc) to rust, make moldy
enmohecido rusty, moldy
enojado angry, annoyed
ensalada salad
ensayar to rehearse
enseguida immediately
enseñanza teaching
enseñar to teach
enseres household goods, utensils
ensuciar to dirty
entablillar to splint
entender (ie) to understand
enterarse to learn, find out
enterrar to bury
entonces then
entrar to enter
entre between, among
entregar (ue) to give
entrevista interview
enviar (í) to send
envidia envy
envío remittance
envolver (ue) to wrap
enyesar to plaster
epiteto epithet
época epoch
equipaje m luggage
equipo team, equipment
equivocación mistake, error

equivocarse to be wrong
error m mistake, error
esbelto (-a) slender
escalera stairway, ladder
escalón step
escoger (j) to choose, to pick
escribir to write
escrito pp written
escritor m writer
escritorio desk
escuchar to listen
escuela school
ese that
ése that one
esdrújula (palabra) word with stress on second-to-last-syllable
esencia essence
esencial essential
esfuerzo effort
eso that
espalda back
espantar to frighten
España Spain
español Spanish, Spaniard
especial special
espectáculo espectacle
especular to speculate
espejismo mirage
esperanza hope
esperar to wait
espía m or f spy
espiar to spy
espina thorn
espinaca spinach
espíritu m spirit
espolvorear to dust, sprinkle
esponja sponge
esposa (-o) spouse
esquí m ski
esquiar (í) to ski
esquina corner
esta this
ésta this one

establecer (zc) to establish
estación station, season
estacionar to park
Estados Unidos United States
estampilla stamp
estar to be
estatura height
este this
éste this one
estimado (-a) dear
esto this
estomacal pert. to stomach
estómago stomach
estos these
estrecho narrow
estrella star
estrellarse to crash
estricto strict
estudiante m or f student
estudiar to study
estudio study
estufa stove
etapa period
eterno eternal
Europa Europe
evaluar (ú) to evaluate
evitar to avoid
exagerar to exaggerate
excursión tour
exhalar to exhale
exigencia demand
exigir (j) to demand
existir to exist
éxito success
exitoso successful
expedir (i) to issue
experimentar to experience
explicar (qu) to explain
explorar to explore
explotar to exploit, to explode
exportar to export

exprés express
extender (ie) to extend
externo external
extinguir to extinguish
extraer (g) to extract
extranjero n and adj
   foreigner, foreign
extrañar to miss
extremo extreme

F

fábrica factory
fácil easy
facilidad facility
factura invoice
faja girdle
falda skirt
falso false
falta lack, error
faltar to need
fallecer to pass away
fallecimiento a passing
   away
familia family
familiar adj. familiar
   n relative
fantasma phantom, ghost
fascinante fascinating
fase f phase
fastidiar to bother
fatuo fatuous, foolish
favor m favor
fecha date
felicidad happiness
felicitar to congra-
   tulate
feligreses parishioners
feliz f or m happy
fenómeno phenomenon
feo ugly
feroz ferocious
ferrocarril railroad
fértil fertile
festejar to celebrate
fiar to trust, sell on
   credit

fiebre f fever
fiel f or m loyal
fiesta party, celebration
fijar to fix
fila row
filosofía philosophy
fin end
final adj. final
finca farm
fines (a fines de)
   at the end of
fingir (j) to pretend
fino fine, refined
firma signature
física physics
físico physical
flaco (-a) thin
flirteo flirting
flojo (-a) lazy, loose
flor f flower
flotar to float
floripondio flower print
folclórico folkloric
follaje m foliage
folleto brochure
fondo bottom
forastero stranger
formar to form
fórmula formula
foto f photo
fotocopia photocopy
fotografía photography
fotográfico photographic
fotógrafo photographer
fracasar to fail
francés French
Francia France
frase f phrase
frecuencia frequency
fregadero sink
freir (í) to fry
frenar to brake
frente m front
   f forehead
fresa strawberry
frijol m bean
frío cold
frito pp. fried

frontera frontier, border
fruta fruit
fuego fire
fuente f source, fountain
fuera outside
fuerte strong
fuerza strength
fumar to smoke
función function
funcionar to work, to function
fundar to found, to establish
funeraria funeral home
fútbol or futbol soccer, football
futuro future

G

gafas f pl eyeglasses
galgo greyhound
galeón m galleon
gallego Galician
galllinero chickencoop
ganado cattle
ganador m winner
ganar to win, to earn
garaje garage
garbanzo chick pea
gastar to spend (money)
gato cat
gaveta drawer
género gender
gente f people
geografía geology
geranio geranium
gerente manager
gerundio gerund
gigante m or f giant
gimnasio gymnasium
girar to spin, to draw
girasol sunflower
giro money order
gobierno government

golondrina swallow
golpe m blow
golpear to hit
gordo fat
gorrión house sparrow
gotear to leak
gozar (c) to enjoy
grabar to record
gracias thanks
grado degree, grade
graduarse to graduate
gramática grammar
gramo gram
gran great
grasa grease
grato pleasant
grave adj. serious
Grecia Greece
griego Greek
gritar to scream
grito scream, shout
grueso heavy, thick
grupo group
guantes gloves
guardar to keep
güiro musical instrument
guardia guard
guayabera men's shirt
guerra war
guerrero warrior
guía m or f guide
quinda violet color
gusano caterpillar
gustar to be appealing
gusto pleasure

H

Habana (la) Havana
haber aux. v. to have
habilidad ability
habitante m or f inhabitant
hábito habit
hablar to speak, to talk

315

hacer (g) to do, to make
hacia towards, about (around)
hacienda ranch, finances
hacha m ax
halagar to please
hallar to find
hamaca hammock
hambre f hunger
hampón rowdy, delinquent
harina flour
hasta until, even
hatajo small herd or flock
hecho m deed, fact, pp done
hegemonía hegemony
helado ice cream
hembra female
heredar to inherit
heredero heir
herida wound
hermana sister
hermano brother
héroe m hero
heroína f heroine
hervir (ie,i) to boil
hiato hiatus
hidrógeno hydrogen
hielo ice
hierba grass
hierro iron
higienista m or f hygienist
hija daughter
hijo son
hilo thread
himno hymn
hindú Hindu
hipócrita m or f hypocrite
historia history
histórico historic
historieta comic book
hocico snout, muzzle
hogar m home

hoja leaf
hojear to skim through
hola hello
holandés Dutch
holgazán lazy
hombre man
hombro shoulder
hondo deep
hongo mushroom
hora hour
horno oven
hospital hospital
hotel m hotel
hoy today
huella print, track
hueso bone
huésped m or f guest
huevo egg
huir (y) to flee
humedad humidity
húmedo humid
humo smoke
humor humor, temper
huracán hurricane
hipogeo wedding
hipoteca mortgage
hipotecar (qu) to mortgage
hispano Hispanic
histérico (-a) hysterical

I

idea idea
identificar (qu) to identify
idioma m language
idiota m or f idiot, idiotic
ídolo idol
iglesia church
ignorar not to know, to ignore
igual same, equal
iguana iguana (tropical lizard)

iluminar to illuminate
imaginar to imagine
imitar to imitate
impacto impact
impedir (i) to prevent,
   to impede
imperfecto imperfect
imperio empire
impermeable m raincoat
implantar to implant
implícito implicit
imponer (g) to impose
importancia importance
importante important
importar to matter,
   to import
imposible impossible
imprescindible essential
imprevisto unexpected
imprimir to print
inadecuado inadequate
incendiar to set on fire
incendio fire
incertidumbre f uncertainty
incitar to incite
inclinar to incline
incluir (y) to include
increíble incredible
incrementar to increase
incrustar to incrust
inculcar (qu) to inculcate,
   to teach
incursionar to explore, to
   make inroads
independencia independence
indicar (qu) to indicate
indígena m or f indigenous,
   native
indiscutible unquestionable
individuo individual, person
inesperado unexpected
infeliz unhappy
infinitivo infinitive
inflación inflation
inflamar to catch on fire
influir (y) to influence
influjo influence

ingeniería engineering
inglés English
ingles groins
ingrato ungrateful
ingrediente m ingredient
ingreso income
inhalar to inhale
inherente inherent
inigualable unequaled
inmediato immediate
inmigración immigration
inmolar to immolate
inmortal immortal
inocente m or f innocent
inquieto restless
inquietud restlessness
insistir to insist
instante m instant
instruir(y) to instruct
insultar to insult
insustituible irreplaceable
inteligente m or f intelligent
intentar to attempt
intercalar to insert
interés m interest
interpretar to interpret
interrogación question
intervención intervention
intervenir (g,ie) to intervene
intimidad intimacy
intransigente intransigent
introducir (zc) to introduce
inundar to flood
inútil useless
invadir to invade
inversión investment
invertir (ie,i) to invest

317

invitar to invite
ir to go;
  irse to leave
ira wrath, anger
ironía irony
irremediable hopeless
isla island
itinerario itinerary

J

jabón soap
jabonera soap dish
jactarse to boast
jalea jam, fruit paste
jamás never, ever
jamon m ham
Japón (el) Japan
japonés m Japanese
jardín garden
jardinero m gardener
jefe m boss
jícama potato-like fruit
jirafa giraffe
joven young
joya jewel
juego game
juez m or f judge
jugador (-a) player
jugar (ue,gu) to play
jugo juice
juguete toy
juicio judgement
junta meeting
junto(a) near, next (to)
juntos together
justicia justice
juventud youth

K

kaki khaki
kermesse fair, festival
kilo kilo, kilogram
kilómetro kilometer

kiosco kiosk, newstand

L

la pronoun her, it, you,
    article the
labios lips
labor f labor
labrador farmer
labrar to farm, cultivate
lado side
ladrón m thief
lago lake
lágrima tear drop
lana wool
lanzar (c) to launch, to pitch
lápiz m pencil
las pronoun them, you
    article the
lástima pity
lastimar to hurt
latín Latin
lavar to wash
le (to) him, her, you
lección lesson
lectura reading
leche f milk
lechero milkman
lechuga lettuce
leer (y) to read
legumbre vegetable
lejos (de) far (from)
lengua tongue, language
lento slow
leña firewood
león lion
les (to) them, you
letra letter
letrero sign
levantar to raise, to lift
  levantarse to get up
léxico adj lexical;
    n lexicon
ley f law
libertad freedom
libra pound

libre free
librería bookstore
libro book
licenciado lawyer, college graduate
líder leader
limpiar to clean
limpieza cleanliness
línea line
lingüística linguistics
líquido liquid
lista list
listo ready, smart
lo him, it, you
loco crazy, mad
lodo mud
lógico logic
lograr to achieve
logro achievement
loro parrot
los pronoun them, you article the
lotería lottery
lucha fight, struggle
luchador wrestler
lucha libre wrestling
luego therefore, later
lugar m place
lujo luxury
lujoso luxurious
luna moon
luz light

Ll

llama flame
llamada call
llamar to call
llano plain
llave key
llavero keychain
llegada arrival
llegar to arrive
llenar to fill
lleno full
llevar to take
llorar to cry
llover (ue) to rain
lluvia rain

M

maceta flower pot
machote rough draft, hammer
madera wood
madero log
madre f mother
madrina godmother
madrugada dawn
maduro ripe
maestro teacher;
maestra jardinera kindergarten teacher
magia magic
magnífico great, magnificent
maíz m corn
mal bad, sick,
  menos mal good thing, lucky
maldecir (g,i) to curse
malestar pain
maleta suitcase
maletín m attaché case
malo bad, evil, sick
malla mesh
mamá mother, mom
manatí manatee
mancha spot, stain
mandar to send
mandato command, order
manejar to drive
manera manner, way
maní peanut
manifestación demonstration, manifestation
manifestar (ie) to manifest, to state, to show up
mano f hand
mantel tablecloth

mantener (g,ie) to maintain, to keep, to support
mantenimiento maintenance
manufacturar to manufacture
manzana apple
mañana tomorrow, morning
  pasado mañana day after tomorrow
mapa m map
máquina machine
máquina copiadora copying machine
máquina de escribir typewriter
mar m or f sea
maravilla wonder, marvel
marca make, brand
marcar (qu) to mark, to dial
marchar to march,
  marcharse to leave, to go away
mariachi m Mexican band musician
marido husband
marinero sailor
mariposa butterfly
marisco seafood
marítimo adj. sea, marine
mármol marble
mártir m or f martyr
mas but
mas no por eso but not because of that
más more
más que nunca more than ever
masa dough
masaje massage
masculino masculine
masticar (qu) to chew

matar to kill
materia subject
material m material
materno maternal
matricularse to register
matrimonio marriage
maullar to meow
máximo maximum
Mayagüez city in Puerto Rico
mayor older, greater, bigger, oldest, great
mayoría majority
mayúscula capital letter
me (to) me, myself
mecánico mechanical
mecanizado mechanized
mecer (z) to rock
mediados: a mediados de about the middle of
medicina medicine
médico doctor
medida measure, measurement
medio half, middle, mean; environment; **por medio de** by means of
mediodía noon
Medio Oriente Middle East
medir (i) to measure
mediterráneo mediterranean
mejor better, best **a lo mejor** maybe
mejorar to improve
menciona to mention
menguar to lessen
menos minus, less, fewer
menor younger, smaller, youngest
mensaje m message
mensajero messenger
mente f mind; **tener en mente** to keep in mind
mentir (ie,i) to lie

320

menudo Mexican dish
  a menudo often
mercado market
merecer (zc) to deserve
mérito merit
mes m month
  mes en curso this month
mesa table
mesera waiter
mestizaje racial mixing
meta goal
metal m metal
meter to put into
mexicano Mexican
mezcal Mexican drink
mi (s) my
mí (to) me
miedo fear
miel f honey
miembro member
mientras while
migración migration
militar military
milla mile
millón m million
mineral m mineral
mínimo minimal
minoría minority
minuto minute
mío (-a,-os,-as) mine, of mine
mirar to look at
misa mass
mismo same; self;
  por eso mismo because of that
mitad f half
moda fashion
modelo m or f model
modificar (qu) to modify
modismo idiom
modista m or f dressmaker
moler (ue) to grind
molestia discomfort
moneda coin
monosílabo one syllable word

montar to ride
morada living quarters
moral f morals; morale
morder (ue) to bite
morir (ue,u) to die
mostrar (ue) to show; **mostrarse** to appear
motivo reason, motive
moto f motorcycle
motor m motor
mover (ue) to move
mucho (-a,-as,-os) much, a lot; pl. many
mueble m (piece of) furniture
muela molar, tooth
muerte f death
mujer f woman
multiplicar (qu) to multiply
mundo world; **todo el mundo** everybody
muñeca wrist, doll
museo museum
música music
músico musician
muy very
nacer (zc) to be born
nacimiento birth
nación nation
nacionalidad nationality
nada nothing
nadar to swim
nadie no one, nobody
nariz f nose
narrar to narrate
natación swimming
natal adj of birth
naufragar (gu) to be shipwrecked
nave f ship
navegable navigable
navegar (gu) to sail, to navigate
Navidad(es) Christmas
necesario necessary
necesito to need
negar (ie,gu) to deny, to refuse

negocio business (transaction)
negro black
neutro neuter
nicaragüense from Nicaragua
nieta granddaughter
nieto grandson
nieve f snow
ningún no, none, not any
ninguno (-a,-os,-as) no, none, not any
niña girl
niño boy
nivel m level
nocturno adj. night, nocturnal
noche f night,
　esta noche tonight
Nochebuena Christmas Eve
nombre m name; noun
norteamericano North American
nos (to) us, ourselves
nosotros (-as) we, us
nota grade, mark, note
notar to note, to observe, to take notice of
noticia news
noticiero newscast
novelista m or f novelist
novio boyfriend, fiancé
nube f cloud
nuera daughter-in-law
nuestro (-a,-os,-as) our
nuevo new
　de nuevo again
número number
numeroso numerous
nunca never, (not) ever;
　más que nunca more than ever
nupcias pl wedding

obedecer (zc) to obey
objeto object
obligar (gu) to oblige, to compel
obra work
obrar to act
obsequiar to present with a gift
observar to observe
obstáculo obstacle
obstante (no) however, nevertheless
obtener (g,ie) to obtain
obvio obvious
ocasión occasion; cause
océano ocean
ocultar to hide
ocupado busy
ocupar to occupy
ocurrir to happen, to occur
odiar to hate
odio hate
odontología odontology
oeste m west
oferta offer
oficial official
oficina office
ofrecer (zc) to offer
oído ear
oír (g,y) to hear
ojalá I (we) wish, hope
ojeada glance
ojo eye
ola wave
oler (h + ue) to smell
olvidar to forget
onza ounce
opción option
operar to operate
opinar to give one's opinion
opinión opinion
opípara sumptuous
oportunidad opportunity

optativo optional
optimista m or f optimist
opuesto opposite
oración sentence, prayer
orden m order, neatness
    f command
ordenar to order
organización organization,
    arrangment
organizar (c) to organize
orgullo pride
orientación orientation
origen m origin
orilla shore
oriundo native of
oro gold
orquesta orchestra
ortografía orthography,
    spelling
os (to) you
oscuridad darkness
oscuro dark
óseo bony
oso bear
otro (-a) other, another
oveja sheep
oxígeno oxygen

P

paciencia patience
paciente m or f patient
Pacífico Pacific
pacto pact
padecer (zc) to suffer
padre m father,
  padres parents
padrino godfather
pagar (gu) to pay
pago payment
país m country, nation
paisaje m landscape
paja straw
pájaro bird
palabra word
paloma dove

pan n bread
panadería bakery
Panamá Panama
panorama m panorama
pantalón m pant(s)
papá m father, dad
papa m Pope
    f potatoe
papel m paper
paquete m package
par pair
para for, to, by, toward
    according to, in
    order to
paraguas umbrella
Paraguay (el) Paraguay
paragüería umbrella shop
pálido pale
paralizar (c) to paralize
parar to stop, to stay
  pararse to stand up
parecer (zc) to seem
pared f wall
pareja couple
paréntesis m sing or pl
    parenthesis
pariente m relative
parque m park
párrafo paragraph
parte f part
participar to participate
particular private
partido game
partir to break, to split,
    to leave, to depart
parra grapevine
pasa raisin
pasado past
pasajero passenger
pasaporte m passport
pasar to pass, to
    happen. to spend
    time;
  pasar de largo to go by
Pascua Easter, Passover
pasear to take a walk
paseo boulevard, stroll

pasillo hall
pasivo passive
paso step
pastel m pie, cake
pastilla pill
pasto grass
patinar to skate
pato duck
patrón m pattern, (patron)
pavo turkey
paz f peace
peatón pedestrian
pedazo piece, chunk
pedido order
pedir (i) to ask, to request, to order
    pedir prestado to borrow
peinar(se) to comb
película movie
peligro danger
pelo hair
pelota ball
peluquero barber, hairdresser
penetrar to penetrate
península peninsula
penoso timid
pensar (ie) to think
penúltimo one bef. last
peor worse, worst
pequeño small
percatarse to become aware
percibir to perceive
perder (ie) to loose, to miss
pérdida loss
perdiz partridge
perdonar to forgive
perezoso lazy
perfeccionar to perfect
perfecto perfect
perico parrot
perímetro perimeter
periódico newspaper
permiso permission
permitir to permit

pero but
perro dog
personaje m character
personificar (qu) to personify
pertenecer to belong
pesado heavy
pésame: dar el pésame to give one's condolences
pesar to weigh
pesca fishing
pescar (qu) to fish
peseta peseta (monetary unit of Spain)
pesimista m or f pesimist
peso weight; (monetary unit)
pestaña eyelash
petroleo diesel
pez m fish
pianista m or f pianist
picante hot, spicy
pie m foot;
    estar de pie to be standing
piedra stone
piel f skin
pierna leg
pieza piece, part
piloto pilot
pimienta pepper
pingüino penguin
pino pine tree
pintar to paint
pintor m painter
piñata claypot filled with candies
pioner pioneer
pirámide f pyramid
pirata m pirate
pisar to step on
pizarra blackboard
placer (zc) to please, m pleasure
planeta m planet
plantar to plant
plata silver
plátano banana, plantain

324

platicar to talk
platillo saucer, dish
plato dish, plate
playa beach
plaza square, plaza
población population
pobre poor, unfortunate
poco a little
podar to prune
poder (ue,u) to be able to, can, n power
  estar en su poder to reach, to have received
poderoso powerful
poema m poem
poesía poetry, poem
poeta m or f poet
policía m policeman
  f police force
poligamia poligamy
político political
pollo chicken
pompa pump
poner (g) to put
popular popular
popularidad popularity
por because, in, for, by, through
porcentaje m percentage
porque because
por qué why
portátil portable
portugués m Portuguese
posada shelter
posar to pose
posesión possession
poseedor m possessor
posición position, rank
posponer (g) to postpone, to put after
postre m dessert
práctica practice
practicar (qu) to practice
precaución precaution
preceder to precede
precio price
precioso beautiful, precious
precisar to be necessary,
preferir (ie,i) to prefer
pregunta question
preguntar to ask
premio prize
prensa press
preocupar to worry
preparar to prepare
preposición preposition
presentar to present, to introduce
préstamo loan
prestar to lend, to loan
presumir to boast
pretérito past, preterite
prever to anticipate
previamente previously
primavera spring
primer (o) first
primo cousin
principiar to start
prisa haste
privado private
probar (ue) to try, taste
problema m problem
producir (zc) to produce
proeza exploit
profundidad depth
programa m program
progresivo progressive
prohibición ban, prohibition
prójimo fellow man
prometer to promise
pronombre m pronoun
pronto soon
pronuciación pronunciation
propiciar to propitiate, cause
propósito intention, purpose
proteger (j) to protect
proyecto project
próximo next
prueba test, proof
psicología psychology
pueblo town, people

puente m bridge
puerta door
pues well
puesto pp placed, put n position
pulgada inch
pulir to polish
pulmón m lung
punto dot, period
  dos puntos colon
puntuación punctuation
puño fist

Q

que that, which, who, whom, than
qué what
  por qué why
quebrar (ie) to break
quebrado fraction
quedar to be, to have (something) to remain
queja complaint
  quejarse to complain
querer (ie) to want, to love
querido dear
queso cheese
quien (he) who, whom, that
química chemistry
químico chemist
quirúrgico surgical
quitar to take away, to take off
quizá(s) maybe

R

rabino rabbi
radio m or f radio
raíz f root
rama m branch
rana frog
rapidez f rapidity
rápido fast
raqueta racket
raro rare
rato short time
raya line
raza race
razón f reason
realizar (c) to undertake, to carry out
  realizarse to become
recabar to gather funds
recado message
receta recipe
recibir to receive
recibo receipt
  acusar recibo to acknowledge receipt
recíproco reciprocal
recoger (j) to pick up
recordar (ue) to remember
recurrir to resort, to revert
recurso resource
rechazar (c) to reject
redondo round
reducir (z) to reduce
refresco soft drink
refrigerador m refrigerator
refugiado refugee
regalar to give (a gift)
regalo present
regazo lap
región region
regla rule
regionalismo regionalism
regresar to return, to come back
reina queen
reír (í) to laugh
reiterar to reiterate
relato story
reloj m watch, clock
rellenar to fill, stuff
remitente sender
renovar (ue) renew

repaso review
repetir (i) to repeat
reponer (g) to replace
representar to represent
república republic
requerir (ie,i) to require, to be necessary
res f head of cattle
rescatar to rescue
resentir (ie,i) to resent
reservación reservation
resistir to resist
resolver (ue) to solve
respectivamente respectively
respecto a with respect to, with regard to
respetable respectable
respetar to respect
respeto respect
respirar to breathe
respuesta answer
restar to substract
restaurán m restaurant
resto rest
resucitar to resucitate
resuelto pp solved
reunir (ú) to meet, to gather
revisar to review, to check
revista magazine
rey m king
rezar to pray
rico rich
río river
robar to steal
robo theft
rodear to surround
rodilla knee
rogar to beg
rojo red
romper to break, tear
ropa clothes
ropero closet
roto pp broken, torn
rozar to scrape, scratch
rubí m ruby
rubio blonde
ruido noise
ruin base, despicable
ruso Russian

S

saber to know, to taste; m knowledge
sabia wise woman
sabroso delicious
sacar (qu) to take out
sacapuntas pencil sharpener
saco bag, coat
sacudir to shake, dust
sal f salt
sala living room
salida exit
salir (g) to leave, to go out
salón m room
salsa sauce
salud health
saludable healthy
saludar to greet, say hello
San saint
sandía watermelon
sangre f blood
sano healthy
santo saint; adj. holy, saintly
   día del santo saint's day
sarampión m measles
satisfacer (g) to satisfy
satisfecho pp satisfied
se (to) him, her, you, it, them; himself, herself, itself yourself, oneself, yourselves, themselves; one
secar (qu) to dry

seco dry
secretaría secretary's office
secretario secretario
sed f thirst
seda silk
seguida : en seguida immediately
seguir (i) to continue, to follow, to go on; to take (a course)
según according to
seguro insurance
sello stamp; imprint
semana week
sembrar (ie) to plant
semejante similar
semestre m semester
sencillo easy, simple
sentar (ie) to sit, to lay
   sentarse to sit down
sentido sense
sentir (ie,i) to feel, to regret
señal f signal
señalar to point out
señor gentleman, Mr.
señora lady, Mrs., wife
señorita Miss.
septimo seventh
sequedad dryness
ser to be; m being
servir (i) to serve
sexo sex
si if
sí yes, indeed
siempre always
sien f temple
sierra saw
siesta nap
siglo century
significado meaning
significar (qu) to mean
siguiente following

sílaba syllable
  sílaba tónica stressed syllable
silla chair
sillón m armchair
simpático nice, charming
sin without
  sin embargo nevertheless
sino but
síntoma m sympton
sinvergüenza scoundrel
sistema m system
sitio place
soberanía sovereignty
sobresdrújula (palabra) word with stress on third to the last syllable
sociología sociology
sofá m sofa
sol m sun
solicitar to apply; to ask
solicitud application
solo alone
sólo only, just
soltero single, unmarried
sombrero hat
sonar (ue) to sound
sonido sound
sopa soup
soplar to blow
sórdido sordid
sostener (g,ie) to sustain
sótano basement
su (s) her, his, its, their, you
subir to rise, to go up
subrayar to underline
subterráneo underground
suceso event
suciedad dirt
sucio dirty
sucursal f branch
sudar to sweat
suegra mother-in-law
suegro father-in-law

sueldo   salary
suelo   ground; floor
sueño   dream;
   tener sueño to be
     sleepy
suerte   f   luck
suéter   m   sweater
sufrir   to suffer, to
     undergo
sugerir   (ie,i)   to
     suggest
sujeto   subject
supermercado   supermar-
     ket
suplantar   to supplant
supuesto: por su puesto
     of course
sur   m   south
surgir   (j)   to emerge
suroeste   m   southwest
sustantivo   noun
sustituir   (y)   to sub-
     stitute
suyo   (-a,-os,-as)   his,
     her, your, its,
     their, of yours, of
     his, of hers, of
     its, of theirs

T

tabú   m   taboo
tal   such (a), certain
taller   m   workshop
tamal   m   tamale
también   also
tampoco   neither
tan   as, so
tanto   (-a,-os,-as) as
     much, so much
tapa   cover
tapar   to cover
taquigrafía   shorthand
tardar   to delay
tarde   f   afternoon,
     late
tarea   homework

tarjeta   card
tasa   rate
taza   cup
te   (to) you
té   m   tea
tejer   to knit
tela   material
telefonear   to telephone
teléfono   telephone
telenovela   soap opera
televisión   television
televisor   m   television set
tema   m   subject, theme
temer   to be afraid of
temperatura   temperature
tempestad   storm
temporada   season
temprano   early
tenaz   tenacious
tender   (ie)   to tend
tener   (g,ie)   to have,
     to hold
terapéutica   therapy
terapia   therapy
terco   stubborn
terquedad   stubborness
territorio   territory
tesoro   treasure
testigo   m or f   witness
tía   aunt
tiempo   time, weather
tienda   store
tierno   tender
tierra   earth, soil, land
tío   uncle
típico   typical
título   title, degree
toalla   towel
tobillo   ankle
tocadiscos   m sing pl
     record player
tocar   (qu)   to knock, to
     play (an instrument)
tocino, tocineta   bacon
todavía   still;
     todavía no   not yet
todo   all, everything

tomar   to take, to drink
tomate   m tomato
tomatillo   green tomato
tonto   fool adj. foolish,
          stupid
toreo   bullfight
tormenta   storm
toro   bull
tortilla   cornmeal cake,
          omelette
toser   to cough
trabajador   m worker
trabajo   work
traducción   translation
traducir   (zc) to trans-
          late
traer   (g) to bring
tráfico   traffic
tragar   to swallow
tragedia   tragedy
traje   m suit, dress
tranquilizar   (c) to calm
tranquilo   calm (down)
tranvía   m cable car
tras   behind, after
trasfondo   background
tratar   to try
través: a través de
          through
trazar   to trace
tren   m train
trimestre   m quarter
triptongo   triphtong
triste   sad
triunfar   to succeed
tropezar   (ie,c) to
          stumble
trópico   tropic
trozo   piece
tu   your
tú   you (familiar)
tubo   tube
túnel   m tunnel
tupir   to clog
turista   m or f tourist
tutearse   address each
          other with "tú"
tuyo   your, yours

U

u   or
ubicar   to locate
último   last
un   a, an; one
ungüento   ointment
único   only, sole,
          unique
unidad   unit, unity
unir   to unite
universidad   university
unos   (-as) some, about
uñas   nails
Uruguay   (el) Uruguay
usar   to use
uso   use
usted   you (formal);
   ustedes   you (formal or
          informal)
utensilio   utensil
útil   useful
uva   grape

V

vaca   cow
vacaciones   vacation
valer   (g) to cost, to
          be worth
valioso   valuable
valor   m value, price
variedad   variety
varios   several
varón   male
vaso   glass
vecindario   neighborhood
vecino   neighbor
vegetal   m vegetable
vehículo   vehicle
velocidad   speed
veloz   fast
vencer   (z) to overcome
vender   to sell
venir   (g, ie) to come

ventaja	advantage
ventana	window
ver	to see
verano	summer
verbo	verb
verdad	truth
verdadero	true
verde	green
verdura	vegetable
vergüenza	shame,
vestido	dress
vestíbulo	hall
vestir (i)	to dress
vestirse	to dress
vez f	time;
a veces	at times
vía	road, street
viajar	to travel
viaje m	trip
viajero	traveler
víctima	victim
vid f	grapevine
vida	life
viejo	old
vinagre m	vinager
vino	wine
violencia	violence
violento	violent
visitar	to visit
visto pp	seen
vivaz	lively, vivacious
víveres	provisions
vivir	to leave
vocal f	vowel
vocálico adj.	vowel
voluntad	will
volver (ue)	to come back, to return
vos	you
vosotros	you
votar	to vote
voz f	voice
vudú	voodoo
vuelo	flight
vuelto pp	returned
vuestro	your

X

xenofobia	xenophobia
xilófono	xilophone

Y

y	and
ya	now;
ya que	since, inasmuch as
yarda	yard
yegua	mare
yema	yolk
yerno	son-in-law
yo	I

Z

zanahoria	carrot
zapato	shoe
zona	zone
zoológico	zoo
zorro	fox
zumo	juice

Indice General

a
como preposición, 58, 63, 265-268
con el complemento directo e indirecto, 82-89
problemas fónicos con, 58-63

a, ah, ha, 67

acentos
diacríticos, 125-127
en adverbios terminados en - mente, 173
en los demostrativos, 173
en palabras:
agudas, 20-26
de origen extranjero, 158
esdrújulas, 21-26
interrogativas y exclamativas, 146
graves o llanas, 20-26
sobresdrújulas 21-26
en los diptongos y triptongos, 8-11

adjetivo
comparativo, 234-236
género, 55-57
número, 57-59
demostrativos, 173-175
posesivos, 221-223

allá, halla, haya, 69
allí, ay, hay, 68-69

a ser, hacer, 69

a ver, haber, 69

adverbio
comparativo, 234-236
al + infinitivo, 31, 49-50

alfabeto, 1
artículo definido, 25-33
artículo indefinido, 33-35
artículo neutro lo, 32-33
problemas fónicos con A, 67-72

b
problemas fónicos con B, 84-87

c
cartas, 128-134
comparaciones, 234-236
complemento directo, 95-99
complemento indirecto, 99-104

condicional
en oraciones con si, 261-263
usos del, 151-153
verbos irregulares, 152
verbos regulares, 151
condicional perfecto, 180-182

problemas fónicos con C, 105-109

d
de y dé, 125
del, 31-32
diptongo, 8-11
problemas fónicos con D, 142-144

e
el cual, el que (ver relativos)
problemas fónicos con E, 156-157

f
futuro, 135-136
futuro perfecto, 179-180
problemas fónicos con **F**, 182-184

g
género
  de adjetivos, 55-57
  de sustantivos, 39-41
gerundio
  formación, 82
  usos, 82-84
gustar
  verbos semejantes, 154
problemas fónicos con **G**, 182-184

h
haber
  de + infinitivo, y tiempos compuestos, 169-170; 243-244
homófonos (ver problemas fónicos)

i
imperativos, 189-193
imperfecto, 117, 231-233
indicativo, 51
infinitivo, 49-51

j
problemas fónicos con **J**, 182-184

l
la(s), lo(s), que, 30-31
le, 99-104
problemas fónicos con **L**, 211-213

ll
problemas fónicos con **Ll**, 211-213

m
mandatos:
  con nosotros, 193
  con tú, 190-192
  con usted y ustedes, indirectos, 193
  posición de pronombres con los, 193-195
más y mas, 125
mayúsculas, 270-273
problemas fónicos con **M**, 225-227

n
nombre (sustantivo), 39-44
números:
  cardinales, 138-140
  con los quebrados, 141
  ordinales, 140-142
problemas fónicos con **N** 225-227

o
ortografía, (ver problemas fónicos)

p
para y por, 266-268
participio pasivo (pasado), 169
plural:
  de adjetivos, 57-59
  de sustantivos, 41-44
pretérito;
  regular, 77-70
  irregular, 79-81, 91-94
pretérito e imperfecto, 121
progresivo, 182
probabilidad:
  condicional, 151
  futuro, 135
pronombre:
  de complemento, 95-104
  demostrativo, 173-175
  posesivo, 221-223
  reflexivo, 122-124
  relativo, 275-277

pronunciación, 20-26
puntuación, 284-288

q
que y qué, 146-148

r
reflexivo, 122-124
problemas fónicos con **R**, 7, 254

rr
problemas fónicos con **Rr**, 7, 254

s
se
  como pronombre reflexivo, 122
  en vez de le y les, 99-104
Ser y **Estar**, 245-251
  sustitutos de, 252-254
sílaba:
  división, 13-16
  tónica, 17-20
sonido, (ver problemas fónicos)
subjuntivo:
  en oraciones sustantivas, 207-209
  en oraciones adjetivas, 217-218
  en oraciones adverbiales, 219
  en expresiones de duda, 206
  en expresiones impersonales, 209-211
  en oraciones condicionales, 261-263
sustantivo, 39-44
problemas fónicos con **S**, 105-109

t
tiempos compuestos, 169-170, 243-244
triptongos, 11-12

u
u en vez de o, 144-145
problemas fónicos con **U**, 6-7

v
verbos:
  con cambios ortográficos, 62
  irregulares, 59-66, 79-81
  recíprocos, 154
  reflexivos, 122-124
  regulares, 51-55, 77-79
voz pasiva, 263-265

y
e en vez de y, 144-145
problemas fónicos con **Y**, 211-213

z
problemas fónicos con **Z**, 105-109

AUTHORS

Mirta A. González, of Thomas Jefferson High School in Los Angeles, wrote the sections on nouns, adjectives and their genders, the preterit-imperfect tense chapters, and some of the reading selections.

Alfonso González, of California State University in Los Angeles, wrote the remaining grammar chapters, all orthography sections, and some of the reading selections. Both authors are responsible for the final version of the manuscript.

WARNER MEMORIAL LIBRARY
EASTERN COLLEGE
ST. DAVIDS, PA. 19087